PLAN D'ÉTUDES

ET

PROGRAMMES

DE

L'ENSEIGNEMENT SECONDAIRE

SECOND CYCLE

SECTIONS LITTÉRAIRES :

(De la classe de **Seconde A** *et* **B**
à la classe de **Philosophie A** *et* **B.)**

SEPTIÈME ÉDITION

PARIS

LIBRAIRIE VUIBERT

63, BOULEVARD SAINT-GERMAIN, 63

PLAN D'ÉTUDES

ET

PROGRAMMES

DE L'ENSEIGNEMENT SECONDAIRE

(Second Cycle. Sections littéraires.)

Plan d'Études et Programmes de l'enseignement secondaire des Garçons . . . . 1 fr. 75

On vend séparément :

Classes enfantines, préparatoires et élémentaires . . 0 fr. 50
Premier Cycle (de la 6e A et B à la 3e A et B). . . . 0 fr. 50
Second Cycle (Sections littéraires). . . . . 0 fr. 60
Second Cycle (Sections scientifiques) . . . . 0 fr. 75

Plan d'Études et Programmes :

De l'enseignement secondaire des jeunes filles . . . 1 fr. »
Des écoles primaires supérieures de Garçons . . . . 1 fr. »
—   —   — de Filles . . . . . 1 fr. »
Des écoles normales d'Instituteurs . . . . 0 fr. 75
—   — d'Institutrices . . . . 0 fr. 75

Programme du Baccalauréat. Séries littéraires . . 0 fr. 40
—   —   — scientifiques . 0 fr. 40

Programme de la classe de Mathématiques spéciales. . . . . 0 fr. 35

Livrets scolaires :

1er *Cycle.* Division A . . . . 0 fr. 60
—   —   B . . . . 0 fr. 60

2e *Cycle.* Section A : Latin-Grec. . . . . 0 fr. 60
—   —   B : Latin-Langues vivantes . . . 0 fr. 60
—   —   C : Latin-Sciences. . . . . . . 0 fr. 60
—   —   D : Sciences-Langues vivantes. . 0 fr. 60

BOURSES dans les LYCÉES et COLLÈGES

(Enseignement secondaire des Garçons et des jeunes Filles.)

Programme des examens. — Broch. 18/12cm . . . . . 0 fr. 30

Recueil des sujets donnés aux concours de 1900 à 1913 pour toutes les séries de candidats :

Enseignement secondaire des Garçons. . . . . . 3 fr. 25
Enseignement secondaire des jeunes Filles . . . 3 fr. 25

PLAN D'ÉTUDES

ET

PROGRAMMES

DE

L'ENSEIGNEMENT SECONDAIRE

SECOND CYCLE

SECTIONS LITTÉRAIRES :

(De la classe de **Seconde A** *et* **B**
à la classe de **Philosophie A** *et* **B.)**

SEPTIÈME ÉDITION

PARIS

LIBRAIRIE VUIBERT

63, BOULEVARD SAINT-GERMAIN, 63

TABLEAU SYNOPTIQUE

de la nouvelle organisation des études dans les établissements d'enseignement secondaire.

Élèves apprenant le *Latin* avec (à partir de la 4ᵉ) ou sans le *Grec* — Élèves n'apprenant aucune langue morte

PREMIER CYCLE (Durée : 4 ans)

Sixième A (Latin)
Cinquième A (Latin)
Quatrième A (Latin, Grec) — Quatrième A (Latin)
Troisième A (Latin, Grec) — Troisième A (Latin)

Une seule Quatrième et une seule Troisième avec faculté pour les élèves d'être affranchis du Grec

Sixième B
Cinquième B
Quatrième B
Troisième B

Étude du Grec

Sanction des études du premier cycle : Un *certificat d'études secondaires* délivré, obtenues et après délibération, des professeurs dont les élèves ont suivi les cours.

Pour les élèves qui reprennent l'étude en raison des notes

Rien de semblable à cette section n'avait existé autrefois

Une année de plus que dans l'ancienne organisation conduisant au baccalauréat ès sciences où l'on avait Math. préparant et Math. élém.

LATIN-GREC	LATIN-LANGUES	LATIN-SCIENCES	SCIENCES-LANGUES
Seconde A	Seconde B	Seconde C	Seconde D
Première A	Première B	Première C	Première D
Philosophie A	Philosophie B	Mathématiques A	Mathématiques B

SECOND CYCLE (Durée : 3 ans)

Sanction des études du second cycle : Un *baccalauréat* unique conférant les mêmes droits et privilèges, quelle que soit la mention portée sur le diplôme.

PLAN D'ÉTUDES ET PROGRAMMES

DE L'ENSEIGNEMENT SECONDAIRE

Second Cycle (Sections Littéraires.)

DÉCRET DU 31 MAI 1902

relatif au plan d'études secondaires.

Art. 1er. — L'enseignement secondaire est coordonné à l'enseignement primaire de manière à faire suite à un cours d'études primaires d'une durée normale de quatre années.

Art. 2. — L'enseignement secondaire est constitué par un cours d'études d'une durée de sept ans et comprend deux cycles : l'un d'une durée de quatre ans, l'autre d'une durée de trois ans.

PREMIER CYCLE.

Art. 3. — Dans le premier cycle, les élèves ont le choix entre deux sections. Dans l'une sont enseignés, indépendamment des matières communes aux deux sections, le latin, à titre obligatoire, dès la première année (classe de Sixième), le grec, à titre facultatif, à partir de la troisième année (classe de Quatrième).

Dans l'autre, qui ne comporte pas l'enseignement du latin et du grec, plus de développement est donné à l'enseignement du français, des sciences, du dessin, etc.

ART. 4. — Dans les deux sections, les programmes sont organisés de telle sorte que l'élève se trouve, à l'issue du premier cycle, en possession d'un ensemble de connaissances formant un tout et pouvant se suffire à lui-même.

ART. 5. — A l'issue du premier cycle, un certificat d'études secondaires du premier degré peut être délivré aux élèves, en raison des notes obtenues par eux durant ces quatre années d'études et après délibération des professeurs dont ils ont suivi les cours.

Les aspirants au baccalauréat ont la faculté de produire ce certificat devant le jury ; il en est tenu compte, dans les mêmes conditions que du livret scolaire, pour l'admissibilité et pour l'admission.

SECOND CYCLE.

ART. 6. — Dans le second cycle, quatre groupements de cours principaux sont offerts à l'option des élèves, savoir :

1º Le latin avec le grec ;

2º Le latin avec une étude plus développée des langues vivantes ;

3º Le latin avec une étude plus complète des sciences;

4º L'étude des langues vivantes unie à celle des sciences sans cours de latin.

Cette dernière section, destinée normalement aux élèves qui n'ont pas fait de latin dans le premier cycle, est ouverte aussi aux élèves qui, ayant suivi les cours de latin dans le premier cycle, ne continuent pas cette étude dans le second.

ARRÊTÉS DES 31 MAI 1902

27 ET 28 JUILLET 1905, 26 JUILLET 1909
ET 15 NOVEMBRE 1912 (¹)

*concernant la répartition des matières de l'enseignement
secondaire et le régime des classes.*

Art. 1ᵉʳ. — La répartition hebdomadaire des diverses
matières de l'enseignement secondaire dans les lycées
et collèges de garçons est déterminée ainsi qu'il suit (²) :

. . . .

. . . .

DEUXIÈME CYCLE

*(Durée : trois ans, de la Seconde à la Philosophie et aux
Mathématiques, sections A et B.)*

CLASSE DE SECONDE

	SECTION A Latin-Grec	SECTION B Latin-Langues vivantes
Enseignement littéraire : section A, français, latin, grec ; section B, français, latin. .	13 heures.	8 heures.
Histoire et Géographie. . . .	4 h. 1/2	4 h. 1/2
Langues vivantes	2 heures.	7 heures.
Mathématiques	2 —	2 —
Dessin	2 —	2 —
Totaux.	23 h. 1/2	23 h. 1/2

(1) Dans les diverses classes, on a réuni français et latin, français, latin et grec, français et morale, histoire et géographie sous une désignation commune pour indiquer que les enseignements ainsi groupés sont donnés, autant que possible, par un même maître. Celui-ci doit conserver une certaine latitude pour l'emploi du temps qui lui est départi. Il est, d'ailleurs, désirable qu'il le répartisse en s'éloignant le moins possible des indications de l'horaire antérieur (*Remarque générale relative à l'arrêté du 15 novembre 1912*).

(2) Pour les divisions enfantine, préparatoire et élémentaire, le premier cycle, les sections C et D et classes de Mathématiques, consulter les brochures spéciales.

CLASSE DE PREMIÈRE

	SECTION A Latin-Grec	SECTION B Latin-Langues vivantes
Enseignement littéraire : section A, français, latin, grec ; section B, français, latin	14 heures.	7 h. + 2 h. fac.
Histoire et géographie	5 —	5 heures.
Langues vivantes	2 —	7 —
Mathématiques	2 h. + 2 h. fac.	2 h. + 2 h. fac.
Dessin	2 h. facult.	2 h. facult.
TOTAUX	23 h. + 4 h. fac.	21 h. + 6 h. fac.

CLASSE DE PHILOSOPHIE

	SECTION A	SECTION B
Philosophie	8 ou 9 h. (1)	8 ou 9 h. (1)
Grec-latin	4 h. fac.	»
Latin	»	2 h. fac.
Langues vivantes	2 h. fac.	3 heures (2)
Histoire et géographie	4 ou 3 h. (3)	4 ou 3 h. (3)
Cosmographie	1 heure (4)	1 heure (4)
Mathématiques	2 h. fac.	2 h. fac.
Physique et chimie	5 heures	5 heures
Histoire naturelle	2 —	2 —
Dessin	2 h. fac.	2 h. fac.
Hygiène (12 conf. de 1 h.) (5)	»	»
TOTAL	19 h. 1/2 + 10 h. fac.	22 h. 1/2 + 6 h. fac.

(1) 8 heures pendant un semestre, 9 heures pendant l'autre.

(2) Les élèves consacreront 2 h. à la langue de leur choix, 1 h. à l'autre.

(3) 3 heures (dont 1 h. de géographie) pendant un semestre, 4 heures (dont 1 h. de géographie) pendant l'autre.

(4) Pendant un semestre seulement.

(5) Ces conférences seront comprises dans le cours de sciences naturelles lorsque les sections de Philosophie A et B seront réunies aux sections de Mathématiques A et B. Elles seront faites en dehors du cours de sciences naturelles lorsque les sections de Philosophie A et B seront séparées.

Art. 2. — Des modifications pourront être apportées dans la répartition hebdomadaire des diverses matières de l'enseignement par les chefs d'établissement, après avis des assemblées de professeurs et avec l'autorisation du recteur.

Art. 3. — De nouveaux enseignements pourront être créés par les recteurs, après avis des assemblées de professeurs et des conseils d'administration, dans les lycées qui recevront une subvention fixe de l'État pour la dépense de l'externat ; dans les autres, par le Ministre, sur la proposition des recteurs, après avis des assemblées de professeurs.

Pour les collèges communaux, les propositions soumises par les recteurs aux municipalités en vue de la création de nouveaux enseignements seront accompagnées de l'avis des assemblées de professeurs.

Art. 4. — En principe, dans tout le cours d'études, la durée des classes est d'une heure.

Toutefois, en raison de l'âge et du nombre des élèves ou de la nature de l'enseignement, les classes d'une heure et demie ou de deux heures pourront être associées dans le cycle supérieur et, exceptionnellement, dans le premier cycle, aux classes d'une heure, par décision du recteur, sur la proposition du chef d'établissement, après avis de l'assemblée des professeurs.

CIRCULAIRE MINISTÉRIELLE
du 19 juillet 1902.

Réunions d'élèves pour certains cours.

En principe, les enseignements de même nature qui, dans les classes correspondantes des deux divisions du premier cycle ou des quatre sections du deuxième cycle, comportent un même nombre d'heures, seront donnés en commun. C'est précisément en prévision de ces réunions d'élèves qu'on n'a prévu dans ces classes pour ces enseignements qu'un seul et même programme.

En conséquence, sauf les réserves ci-dessous, ces groupements d'élèves auront lieu. . . . .

En Seconde, les sections A, B, C, D seront de même réunies pour l'histoire moderne, la géographie, une des langues vivantes, le dessin à main levée ; les sections A, B, C, pour le français et le latin ; les sections A et B pour l'histoire ancienne ; les sections B et D pour la seconde langue, etc.

C'est de même en vue de rendre possible au besoin, s'il paraît devoir en résulter quelque avantage, la réunion, pendant trois heures chaque semaine, des élèves de Mathématiques A et B avec les élèves de Philosophie, pour les parties du cours qui traitent des éléments de philosophie scientifique et de philosophie morale, qu'un même programme de ces matières a été arrêté pour ces deux classes.

La réduction à de justes limites du surcroît de dépenses qui peut résulter de l'application des nouveaux plans d'études pour certains établissements, n'est pas l'unique avantage que l'on doit attendre de ces groupements d'élèves : les études et l'éducation y sont, à plus d'un titre, intéressées. Mais ceci suppose évidemment que les classes ainsi formées ne compteront pas un trop grand nombre d'élèves. Car le bénéfice intellectuel ou moral qu'on peut espérer de ces rapprochements et de ce travail en commun serait dès lors compromis. En ce qui concerne notamment l'enseignement des langues vivantes, un nombre d'élèves assez restreint est la condition d'une bonne application des nouvelles méthodes. Autant que possible, le chiffre de vingt-cinq élèves ne devra pas être dépassé ; il est désirable qu'en général ce chiffre ne soit pas atteint.

En conséquence, Monsieur le Recteur, lorsque la réunion

d'élèves appartenant à des divisions ou à des sections différentes, pour les cours comportant un même programme, vous
paraîtrait devoir former des classes trop nombreuses, vous
pourrez, sur la proposition des chefs d'établissements, autoriser pour ces cours la séparation des sections ou des divisions.

Répartition hebdomadaire des matières d'enseignement.

La répartition hebdomadaire des matières d'enseignement, telle
qu'elle est fixée par l'article 1er de l'arrêté du 31 mai, pourra
d'ailleurs subir des modifications en raison du nombre des élèves
dans les diverses classes, de leur force ou de leur faiblesse en
telle ou telle matière du programme et des ressources des établissements. Le plan d'études le meilleur pour un lycée comme
Condorcet où Louis-le-Grand n'est pas nécessairement tel, dans
toutes ses parties, pour un collège qui compte une centaine
d'élèves. L'uniformité absolue du cadre est contraire, en pareil
cas, à la nature des choses. Le Conseil supérieur a voulu qu'une
certaine flexibilité permît d'approprier plus exactement les plans
d'études aux ressources et aux convenances locales. En conséquence, les chefs d'Académie auront la latitude d'autoriser les
changements proposés, après avis des assemblées de professeurs,
par les chefs d'établissements, toutes les fois que l'économie
générale du plan d'études ne paraîtra pas devoir en être atteinte
dans ses éléments essentiels.

Création de nouveaux enseignements.

L'article 3 détermine les conditions suivant lesquelles de nouveaux enseignements pourront être créés. Il vise, bien entendu,
exclusivement les enseignements qui, répondant à des besoins
particuliers des diverses régions, ne sont pas compris dans la
nomenclature officielle de l'article 1er. Il va de soi que cet article
3 ne serait pas applicable, par exemple, au cas où l'on pro-
poserait le rétablissement du latin en Septième ou du grec en
Cinquième.

Durée des classes.

L'article 4 de l'arrêté du 31 mai prévoit qu'en principe, dans
tout le cours d'études, la durée des classes sera d'une heure.
A vrai dire, dans le premier cycle, des exceptions ne parais-
sent guère nécessaires, sauf peut-être pour l'enseignement de la
physique et de la chimie, en raison du développement que, de
plus en plus, doivent y prendre les expériences.
Dans le second cycle, des classes d'une heure s'imposent
encore, d'après le plan d'études lui-même, pour beaucoup de

matières du programme. Toutefois, les cours sont ici plus approfondis et comportent des développements plus étendus ; d'autre part, à cet âge, l'attention des jeunes gens peut déjà soutenir un effort plus prolongé : les classes d'une heure et demie ou de deux heures pourront, dès lors, si vous le jugez bon, après avis de l'assemblée des professeurs et sur la proposition du chef d'établissement, être associées plus souvent aux classes d'une heure. C'est sans doute pour les sciences, l'histoire, la philosophie et particulièrement dans les classes nombreuses qu'une telle mesure, en certains cas, vous semblera justifiée.

Le régime général sera donc la classe d'une heure.

Ce régime, Monsieur le Recteur, n'entraîne, d'ailleurs, en aucune façon, l'abandon de nos méthodes traditionnelles, dont l'excellence a été éprouvée. Il n'est pas question d'en prendre occasion pour transformer nos classes secondaires en cours primaires ou en cours supérieurs. Nos programmes ne s'en trouveront ni allongés, ni surchargés. Il n'en résultera aucune nécessité ni de précipiter l'enseignement, ni d'accumuler en raccourci dans chaque classe toute la variété d'exercices scolaires qui trouvaient place dans une classe de deux heures et qui s'espaceront plus aisément encore en deux classes d'une heure. On enseignera les mêmes choses, en même quantité, de la même façon. Et cependant, pour un même temps porté à l'horaire, on accomplira en définitive plus de besogne vraiment utile, parce que la distribution de ce temps en périodes trop longues amène inévitablement, avec la fatigue, des défaillances d'intérêt, d'attention, de compréhension, de mémoire qui font dans la classe comme des points morts, tandis qu'une distribution de ce même temps, mieux proportionnée aux forces physiques et intellectuelles de l'élève, permet, avec moins de peine, d'en mieux utiliser toutes les parties.

Dénomination des classes.

La classe de Rhétorique devient pour les quatre sections la classe de Première et reprend ainsi le nom qui lui avait été attribué par l'arrêté du 19 frimaire an XI (10 déc. 1802) concernant l'organisation de l'enseignement dans les lycées. Celle de Mathématiques élémentaires s'appellera simplement la classe de Mathématiques.

Les autres classes, y compris la Philosophie, gardent leurs dénominations actuelles.

INSTRUCTIONS

relatives à l'enseignement des mathématiques
(Arrêté du 27 juillet 1905).

Les programmes de mathématiques doivent être considérés comme des tables des matières à enseigner dans les différentes classes; toute latitude est laissée au professeur pour adopter tel ordre qui lui conviendra, pour employer les méthodes qui lui paraîtront les plus profitables aux élèves qu'il dirige.

Dans le second cycle, les études ayant pour sanction l'examen du baccalauréat, le professeur doit naturellement exposer tout ce qui figure au programme; dans le premier cycle, il est dégagé de toute préoccupation d'examen et n'a pour guide que le développement de ses élèves; il peut donc, s'il le juge utile, négliger certains points et insister plus longuement sur les parties plus accessibles ou plus nécessaires aux élèves particuliers qui lui sont confiés; le programme sera considéré comme un programme maximum : mieux vaut que les enfants acquièrent des connaissances précises de peu d'étendue plutôt que d'avoir des idées vagues sur des sujets très variés.

S'il est indispensable de laisser au maître une grande liberté dans le choix des méthodes pour que son enseignement ait quelque portée, il convient néanmoins de bien préciser l'esprit dans lequel doit être donné cet enseignement, afin de lui conserver, dans son ensemble, une direction unique et d'éviter que le passage d'une classe à une autre ne soit pour l'enfant une cause de trouble dans ses études. On demande donc aux professeurs de s'inspirer des indications qui suivent relativement aux programmes des différents cycles.

1er Cycle B.

On ne devra pas perdre de vue que les élèves sont de jeunes enfants dont quelques-uns quitteront le lycée après la Troisième; aussi les exercices pratiques devront-ils être multipliés et porter sur des données réelles et non factices; la théorie sera réduite à des explications faites sur des exemples concrets, tout au moins au début; ce n'est que peu à peu que l'on pourra, avec de grandes précautions, habituer les élèves aux notions abstraites les plus simples, en montrant sur de nombreux exemples la nécessité d'une définition précise, d'un raisonnement purement logique, en insistant à l'occasion sur les erreurs que l'on peut commettre si l'on raisonne sur des objets mal définis, sur des figures dont on n'a pas déterminé exactement les éléments et leur disposition. Les recueils de problèmes amusants fourniront de nombreux exemples qui frapperont l'esprit des élèves; citons, au hasard, la démonstration de l'égalité de 64 et 65, d'un angle droit et d'un angle obtus, etc.

Arithmétique. — Les élèves devront être exercés au calcul numérique et à la résolution de problèmes dont la solution n'exige aucun artifice; il n'y a nul intérêt, en particulier, à demander aux enfants de s'astreindre à n'employer que des procédés purement arithmétiques, si l'algèbre fournit une solution simple et immédiate d'une question. On insistera sur l'ordre de grandeur des résultats, en attirant l'attention sur les erreurs que le bon sens permet d'éviter; en faisant varier les données d'un problème, en remplaçant, par exemple, des mètres par des centimètres, on demandera de prévoir quel sera l'ordre de grandeur du nouveau résultat, comparé à l'ancien; ce qu'il faut éviter, c'est que l'élève effectue machinalement des calculs, sans se rendre compte, à chaque instant, de leur correspondance avec la réalité.

Le programme de comptabilité a été abrégé et remplacé par l'indication de notions sur les calculs pratiques utilisés dans la banque et le commerce; on y exercera les élèves en ayant soin de n'opérer que sur des données précises empruntées aux opérations réelles.

Le professeur est invité à traiter cette partie du programme avec d'autant plus de soin qu'elle a été considérablement simplifiée et que ces notions peuvent être indispensables aux élèves qui quittent le lycée ou le collège après le 1er cycle.

La partie théorique est réduite à l'étude de l'addition, de la soustraction, de la multiplication des nombres entiers, de la recherche des caractères de divisibilité, des fractions, cette étude étant faite sur des exemples concrets. Toutefois, il n'y a là rien d'absolu : si un élève a la curiosité de se rendre compte du mécanisme d'une opération, de la raison d'être d'une règle donnée, il y aura avantage à satisfaire cette curiosité et il serait dangereux d'y répondre par une fin de non-recevoir.

Algèbre. — Les faits les plus importants de l'algèbre ayant été rencontrés dans les exercices des classes de Cinquième et de Quatrième, on pourra, en Troisième, les préciser et en donner une théorie élémentaire. Les énoncés des théorèmes doivent être précis, mais il est inutile d'insister trop longuement sur les exceptions qui peuvent se présenter : que l'élève sache que la proposition qu'il applique n'est vraie que sous certaines conditions, cela suffit : si, dans un cas particulier, ces conditions ne sont pas remplies, il saura qu'il doit traiter le problème en lui-même et ce sera un meilleur exercice que celui qui consisterait à rechercher, par un effort de mémoire, à quelles modifications du théorème correspond ce cas particulier.

L'étude des variations d'une fonction sera accompagnée d'une représentation graphique aussi exacte que possible. La courbe

une fois tracée, servira à déterminer une coordonnée en fonction de l'autre; la comparaison des résultats graphiques aux
nombres calculés directement permettra de faire apprécier l'importance de la précision dans le dessin et on habituera ainsi
l'élève à se rendre compte de la grandeur de l'approximation
que peut donner le procédé graphique.

Géométrie. — L'enseignement de la géométrie doit être
essentiellement concret : il a pour but de classer et de préciser
les notions acquises par l'expérience journalière, d'en déduire
d'autres plus cachées et de montrer leurs applications aux problèmes qui se posent dans la pratique.

Toute définition purement verbale étant exclue, on ne devra
parler d'un élément nouveau qu'en donnant sa représentation
concrète et en indiquant sa construction : ceci exige que l'ordre
généralement adopté soit modifié, en particulier, que la définition du cercle soit introduite dès le début et que l'usage des
instruments de dessin soit indiqué au fur et à mesure des
besoins. Si le programme est rédigé dans l'ordre habituel, c'est
afin de n'imposer aucun ordre particulier; il est entendu que
celui qui est indiqué n'est pas celui que l'on suivra dans l'enseignement.

Au point de vue de l'explication des faits, le professeur devra
faire appel à l'expérience et admettre résolument comme vérité
expérimentale tout ce qui semble évident aux enfants : il n'y a
nulle utilité à démontrer l'égalité des angles droits, des angles
correspondants, l'existence de l'intersection d'un cercle et d'une
droite dont un point est intérieur au cercle, etc. L'élève ne
comprend pas qu'il y ait lieu à démonstration et ne retient que
des mots vides de sens; on peut, et cela est désirable, faire sentir
dans certains cas la nécessité d'une démonstration; mais il ne
faut donner cette dernière que si l'élève est convaincu qu'elle
est indispensable.

On aura ainsi l'occasion de montrer qu'il y a deux certitudes
d'ordres différents : l'une, expérimentale, qui appartient aux
sciences physiques; l'autre, logique, qui est celle des vérités
mathématiques; mais il y aurait un grave inconvénient à
donner à cette dernière une importance qu'elle n'a pas dans
la réalité et à jeter le discrédit sur la première qui, il faut bien
l'avouer, est la seule que nous possédions, puisque les principes
mathématiques n'ont pas d'autres fondements, tout au moins
pour les élèves. Ce qu'il importera de faire ressortir, c'est l'importance du raisonnement logique pour réduire au minimum
les faits expérimentaux; il serait aisé de multiplier les exemples :
si l'on construit un décagone régulier inscrit, on constate expé-
rimentalement qu'il est à peu près impossible de le fermer; au
contraire, en prenant pour côté d'un polygone régulier la moitié
du côté du triangle équilatéral, on obtient sensiblement un hep-
tagone régulier; si l'on mesure la somme des angles d'un triangle
on trouve des nombres voisins de 180°, etc. Ces exemples
montrent que l'expérience fait pressentir une vérité, mais est
insuffisante pour la faire connaître d'une façon précise; si donc,
il est possible, à l'aide d'un raisonnement logique, de mettre

cette vérité en évidence ou d'infirmer ce que semblait donner l'expérience, il y a tout avantage à le faire; il est aisé également de faire ressortir l'intérêt pratique que présente la méthode purement logique en insistant sur ce qu'elle fait disparaître toute incertitude dans les résultats. On aura ainsi préparé l'étude de la géométrie, qui sera faite dans le second cycle, où les élèves avertis ne s'étonneront pas du soin minutieux avec lequel les moindres théorèmes sont démontrés.

Un appel constant à la notion de mouvement semble devoir faciliter l'enseignement de la géométrie; c'est ainsi que le parallélisme sera lié à la notion expérimentale de translation, que l'étude des droites et plans perpendiculaires résultera de la rotation : l'idée d'égalité sera liée à celle du transport des figures, que l'on précisera en introduisant la notion si simple d'orientation.

Le dessin est appelé à jouer un rôle important dans l'enseignement de la géométrie ainsi conçu : il faudra faire exécuter très exactement les constructions indiquées dans le cours et mêler intimement le calcul aux mesures effectuées directement. C'est surtout en Troisième que l'on pourra intéresser les élèves en leur faisant exécuter des épures très simples relatives aux ombres et aux sections planes; il ne saurait être question d'indiquer les méthodes générales de la géométrie descriptive ou de la géométrie cotée ; chaque question devra être étudiée en elle-même et l'ingéniosité de l'élève pourra être exercée par la recherche des moyens les plus propres à donner la solution du problème; il aura à se servir des théorèmes les plus importants du cours et jugera ainsi de leur utilité. Rien n'empêchera de faire construire le corps représenté par l'épure, d'en calculer les éléments, puis de les mesurer à l'aide de l'épure ou sur le corps lui-même : la comparaison des différents résultats permettra d'apprécier la valeur de chaque procédé.

Le dessin n'est pas d'ailleurs le seul auxiliaire de cet enseignement: il en est d'autres qui ont même une importance plus grande en ce sens qu'ils font mieux ressortir la liaison de la théorie et des applications. En particulier, il serait intéressant de mettre un objet de forme simple entre les mains de l'élève, de lui demander d'effectuer sur cet objet toutes les mesures qu'il jugerait nécessaires, pour pouvoir ensuite le reproduire au moyen d'une épure, en évaluer la surface, le volume, etc. —, les résultats obtenus comportant des vérifications expérimentales.

Dans le même ordre d'idées, il est recommandé d'exercer les élèves à l'exécution de levés de plans, ce que l'on pourra faire sans sortir de l'établissement. Il est facile de tracer une droite joignant deux points situés dans des salles différentes, de mesurer la distance de ces points, etc.; on insistera d'ailleurs sur l'intervention, dans ces applications, des théorèmes qui ont pu sembler être d'ordre purement spéculatif.

A côté de ces exercices pratiques, qu'une collection de modèles et d'appareils simples faciliterait beaucoup, il y aura lieu d'habituer les élèves à la résolution de problèmes très simples, en essayant de leur faire deviner la solution et en développant ainsi leur intuition, puis en exigeant une démonstration rigoureuse, en insistant sur l'importance de chaque phrase, en montrant au besoin comment un mot mal choisi ou mal défini peut, suivant l'interprétation qu'on lui donne, conduire à des conclusions très différentes.

1er Cycle A et 2es Cycles A et B.

L'enseignement des mathématiques dans ces cycles devra être donné au même point de vue que dans le 1er cycle B. Le peu de temps dont dispose le professeur ne lui permettant pas de développer longuement son cours, il devra surtout s'attacher à donner en géométrie une idée de la forme des corps et pourra laisser de côté, s'il le juge à propos, toute théorie un peu abstraite. Les exercices devront surtout consister en problèmes sur les aires et les volumes, en insistant sur le choix des unités et en faisant revoir sans cesse le système métrique; des constructions très simples, mais exécutées avec soin, pourront constituer d'excellents devoirs; ce ne pourra être que dans les classes ayant des élèves désireux de faire plus tard des sciences que l'on donnera à résoudre de véritables problèmes de géométrie : théorèmes à démontrer, lieux géométriques.

~ Les démonstrations ne seront données qu'autant qu'un nombre suffisant d'élèves seront en état de les comprendre; pour les volumes, on se bornera au besoin aux énoncés des règles pratiques, ou, dans des cas simples, on justifiera ces règles en employant la méthode infinitésimale, sans, bien entendu, soulever à cet égard aucune difficulté.

Conférences facultatives. — Dans les conférences destinées aux élèves qui désirent faire des études scientifiques après avoir suivi les cours des 2es cycles A et B, la plus grande liberté est laissée au professeur; ayant devant lui des élèves intelligents et travailleurs, il sera seul juge du développement qu'il peut donner à son cours; l'important est qu'il forme des élèves pouvant comprendre les mathématiques; qu'ils en sachent beaucoup n'est pas nécessaire; ce qui est indispensable, c'est qu'ils aient compris les principes et soient habitués au raisonnement logique.

CIRCULAIRE DU 30 JUILLET 1909

relative aux modèles à employer dans l'enseignement du dessin.

——

Afin de faciliter l'application, dès la prochaine rentrée des classes, des programmes du 6 janvier 1909, concernant l'enseignement du dessin dans les lycées et collèges de garçons et de jeunes filles, l'inspection générale de cet enseignement a dressé la liste des modèles ci-jointe, qui permettra de donner aux élèves une idée exacte de la marche générale des évolutions de l'art depuis la plus haute antiquité.

La liste que je vous adresse comprend quinze modèles qui coûtent, au maximum, 200 francs, emballage compris.

Il sera dressé, en 1910 [1] et 1911, un complément à la présente liste, de façon à ce que les lycées et les collèges possèdent en trois ans la collection des modèles que la Commission a jugés nécessaires pour l'éducation artistique dés élèves de ces établissements.

Je vous prie d'inviter les chefs d'établissements à prendre les mesures nécessaires en vue de l'acquisition des collections dont il s'agit.

---

[1] En 1916, il n'avait pas encore été dressé de liste complémentaire (*Note de l'éditeur*).

Application des nouveaux programmes de l'enseignement du dessin pour les lycées et collèges.

PREMIÈRE LISTE DES MODÈLES (octobre 1909.)

1. Tête chaldéenne (moulage du Louvre) (¹) 6ᶠ 40

ÉGYPTE.

2. Buste de l'époque saïte. Nº 7 *ter* (Louvre). . . . 3 20
3. Tête mitrée (Louvre) 9 60

ASSYRIE.

4. Lionne blessée, bas-relief (Mouleur de l'École des Beaux-Arts) 10 00
5. Lion, ronde-bosse (Louvre) 5 00

GRÈCE.

6. Buste d'Oxford, vᵉ siècle (Ecole des Beaux-Arts). . 18 00
7. Victoire Aptère, bas-relief (Charreyron, mouleur, rue Bonaparte, nº 12). 8 00
8. Buste trouvé à Bénévent (Louvre) 8 00

FRANCE.

XIIIᵉ siècle.

9. Clovis II (Monument de Dagobert, Saint-Denis) [Mouleur du Trocadéro] 12 00

XIVᵉ siècle.

10. Buste de Charles V (Louvre) 15 00

XVᵉ siècle.

11. Pleurant de Dijon (Charreyron) 6 00

XVIᵉ siècle.

12. Henri II, par Germain Pilon (Charreyron). . . . 16 00

XVIIᵉ siècle.

13. Médaillon de Louis XIV, par Puget (Trocadéro) . . 15 00

XVIIIᵉ siècle.

14. Tête de Pajou. Buste de femme (École des Beaux-Arts). 2 50

XIXᵉ siècle.

15. Buste de Gérome, par Carpeaux (Georges Chauvin, mouleur, rue Rosenwald, nº 4, Paris-XVᵉ). . . 15 00

                                                    ――――――
                                                    149ᶠ 70
Emballage . . . . *environ* 60ᶠ 00
                                                    ――――――
                                                    209ᶠ 70

(1) L'indication des fournisseurs se trouve entre parenthèses.

Les programmes des divers enseignements, dans le second cycle, ont été fixés par l'arrêté du 31 mai 1902, sauf les modifications ci-après :

ARRÊTÉS DU

Mathématiques . . . . *27 juillet 1905, 30 juillet 1909 et 4 mai 1912.*

Histoire et Géographie (classes de Philosophie A et B). . . . . *28 juillet 1905.*
Auteurs philosophiques [liste supplémentaire] (classes de Philosophie A et B). . . . . *31 juillet 1906.*
Dessin à main levée. . . . . *6 janvier 1909.*
Sciences physiques, chimiques et naturelles (classes de Philosophie A et B) . . . . *4 mai 1912.*

SECOND CYCLE

(Durée : Trois ans.)

SECTION LATIN-GREC

CLASSE DE SECONDE A

LANGUE FRANÇAISE

[Programme commun aux sections A, B, C.]

(4 heures.)

Explication et récitation d'auteurs français.

Les élèves seront habitués à faire des lectures complémentaires qui seront contrôlées en classe.

Le professeur donnera, à l'occasion de l'étude des textes, les notions de grammaire historique qui paraîtront nécessaires. Ces notions ne seront pas la matière d'un cours suivi et se donneront seulement dans la mesure où elles peuvent rendre plus intelligible l'usage actuel de la langue.

Compositions françaises.

Lectures et interrogations destinées à faire connaître les principaux écrivains français jusqu'à la fin du XVIᵉ siècle.

(A partir de cette classe, une grammaire plus développée sera mise entre les mains des élèves.)

AUTEURS (1)

Morceaux choisis de prosateurs et de poètes des XVIᵉ, XVIIᵉ, XVIIIᵉ et XIXᵉ siècles.

Chanson de Roland.

Villehardouin, Joinville, Froissart, Commines. — Extraits.

Chrestomathie du Moyen âge.

Montaigne. — Principaux chapitres et extraits.

Chefs-d'œuvre poétiques de Marot, Ronsart, du Bellay, d'Aubigné, Régnier.

Corneille. — Théâtre choisi.

Molière. — Théâtre choisi.

Racine. — Théâtre choisi.

La Fontaine. — *Fables.*

Boileau. — Satires et épitres.

Bossuet. — Oraisons funèbres.

La Bruyère. — *Caractères.*

Lettres choisies du XVIIᵉ et du XVIIIᵉ siècle.

Lectures sur la société du XVIIᵉ siècle extraites des mémoires et des correspondances.

J.-J. Rousseau. — Morceaux choisis.

Chefs-d'œuvre poétiques de Lamartine et de Victor Hugo.

Choix des principaux historiens du XIXᵉ siècle.

LANGUE LATINE

[Programme commun aux sections A, B, C.]

(*4 heures.*)

Explication et récitation d'auteurs latins.

---

(1) Le professeur choisira annuellement dans cette liste les auteurs qu'il fera expliquer en classe.

L'explication des textes sera le principal exercice de la classe.
Les élèves seront en outre engagés à faire des lectures supplémentaires qui seront contrôlées en classe.

Version latine.

Thème latin et exercices élémentaires de composition latine.

Lectures de textes et interrogations destinées à faire connaître les principaux écrivains latins.

(A partir de cette classe, une grammaire plus développée sera mise entre les mains des élèves.)

AUTEURS.

Cicéron. — *De Suppliciis*. — *De Signis*. — *Songe de Scipion*.

Tite-Live. — Un livre de la 3ᵉ décade.

Tacite. — *Vie d'Agricola*. — *Germanie*.

Pline le Jeune. — Choix de lettres.

Théâtre latin. — Extraits.

Virgile. — *Énéide* (livres IX à XII). — *Bucoliques*.

Horace. — *Odes*.

Anthologie des poètes latins (à l'exclusion des ouvrages compris dans les programmes).

Pages et pensées morales, extraites des auteurs latins.

LANGUE GRECQUE

(5 heures.)

Explication et récitation d'auteurs grecs.

Revision de la grammaire.

Version grecque.

Thème grec.

Lectures et interrogations destinées à faire connaître les principaux écrivains grecs.

(A partir de cette classe, un précis d'histoire de la littérature

grecque et une grammaire grecque plus développée seront mis
entre les mains des élèves.)

AUTEURS.

Homère. — *Iliade, Odyssée.*
Xénophon. — *L'Économique.*
Platon : *Apologie de Socrate, Criton, Ion.*
Plutarque. — Extraits suivis des *Vies parallèles* (*Alexan-
dre et César, Démosthène et Cicéron, Alcibiade et
Coriolan, Périclès et Fabius Maximus*).
Euripide. — Une tragédie (les deux *Iphigénie, Alceste,
Hécube, Hippolyte, Médée*).
Pages et pensées morales extraites des auteurs grecs.

LANGUES VIVANTES

[L'une des cinq langues suivantes : allemand, anglais, espagnol,
italien, russe.]

(2 heures.)

Voir le programme et les instructions page 71.

HISTOIRE ET GÉOGRAPHIE

(4 heures 1/2.)

HISTOIRE ANCIENNE

[Programme commun aux sections A et B].

I

Temps préhistoriques. Les grandes périodes préhistoriques. Les races et les peuples.
L'Égypte. Description de l'Égypte. L'ancien empire.
Les Pyramides. — L'empire de Thèbes. Religion :
dieux ; culte des morts. — Monuments ; temples,

tombeaux ; arts ; écriture. — Mœurs ; industries. — Découvertes archéologiques.

Chaldée. Description de la Chaldée et de l'Assyrie. Villes anciennes de Chaldée. — Les palais des rois assyriens. — Babylone. — Religion ; magie ; astrologie ; poids et mesures. — Monuments ; bas-reliefs ; inscriptions ; écriture. — Découvertes archéologiques.

Les Juifs. Description de la Palestine. Les tribus. Les Juges. — Les royaumes d'Israël et de Juda. — Le culte. Les Prophètes.

Phénicie. Description de la Phénicie. Les villes ; la religion. — L'industrie; le commerce ; les colonies ; l'alphabet.

Les Perses. Description de l'Iran. L'empire perse. Religion ; gouvernement ; monuments. — Découvertes archéologiques.

II

La Grèce. Description des pays grecs.

Les anciens temps. Troie et Mycènes ; les Hellènes.

Les mythes. Les dieux. Les héros.

Sparte. Le peuple ; les Hilotes ; l'éducation ; les rois ; le Sénat ; les éphores ; l'armée.

Les tyrans. Argos ; Corinthe ; Sicyone.

Athènes. Premiers temps d'Athènes ; Solon ; Pisistrate ; Clisthène ; les Archontes ; l'Aréopage.

La colonisation grecque. Les colonies d'Asie, du Pont-Euxin, d'Afrique ; de Sicile et de Grande Grèce ; de Gaule et d'Espagne.

La civilisation jusqu'au Ve siècle. Le commerce et les arts. Les poètes ; les sages. La religion ; le culte ; les grands sanctuaires. Les jeux.

Les guerres médiques. L'invasion ; les armées ; les flottes.

Formation de l'empire d'Athènes. La ligue athénienne ; la rupture avec Sparte.

La démocratie athénienne. Classes sociales. L'éducation. La vie privée. Monuments. Fêtes. Théâtres. Assemblée et tribunaux ; orateurs. Le commerce d'Athènes.

La guerre du Péloponèse. Caractères généraux ; prise d'Athènes.

Suprématie de Sparte. Les Trente ; Socrate. Agésilas.

Suprématie de Thèbes. Épaminondas.

Suprématie de la Macédoine. Philippe. Alexandre. La conquête de l'Asie.

Fondation des royaumes helléniques. Alexandrie, le Musée. Les royaumes d'Asie. La civilisation grecque en Orient.

Dernières luttes en Grèce. Les ligues. La conquête.

HISTOIRE MODERNE
[Programme commun aux sections A, B, C, D.]

I

L'Europe du Xe au XVe siècle. Formation territoriale des États : France, Angleterre, Allemagne, Espagne, Italie.

Organisation des États. France : la royauté, justice, impôts, armée. Angleterre : la royauté, le parlement. Allemagne : l'empereur, les princes, les villes.

La Société. Formation des classes sociales, nobles, bourgeois, paysans, du xe au xve siècle, particulièrement en France.

L'Église. Les couvents et le clergé. La papauté et

l'Empire. La théorie des pouvoirs pontifical et impérial. Grégoire VII. Innocent III. Boniface VIII. Les papes d'Avignon. Les conciles du xve siècle. L'opposition à l'Église : opposition religieuse, les hérésies ; opposition politique, les concordats.

La civilisation. Les Universités. L'art roman et l'art gothique. La Renaissance au xive et au xve siècle. Les inventions.

II

La France, de 1498 à 1559. Transformation du gouvernement et de la société ; la cour ; le clergé ; les villes, les métiers, les paysans. — La vénalité des offices.

La politique européenne, de 1498 à 1559. L'empire de Charles-Quint. Lutte entre les maisons de France et d'Autriche ([1]).

Les découvertes maritimes et les établissements coloniaux. Les voies de commerce ; les épices et les métaux précieux.

La Renaissance. Les artistes, les humanistes, les écrivains en Italie, en France, en Allemagne, aux Pays-Bas, en Espagne, en Angleterre.

La crise religieuse au XVIe siècle. La Réforme luthérienne jusqu'à la paix d'Augsbourg. Les Réformes calviniste, presbytérienne, anglicane. — La réforme catholique ; la société de Jésus ; l'œuvre du concile de Trente.

Politique générale de Philippe II. Lutte contre la Réforme. Révolte des Pays-Bas, formation des Provinces-Unies.

([1]) Le professeur ne fera pas l'exposé des guerres. Il choisira quelques exemples d'actions militaires.

L'Angleterre sous Élisabeth. Établissement de la monarchie protestante ; lutte contre l'Espagne ; la marine.

Les luttes intérieures en France de 1559 à 1610. Les partis ; la Ligue ; Henri IV ; l'édit de Nantes. Rétablissement de l'autorité royale.

III

Établissement de la monarchie absolue en France. Richelieu ; Mazarin ; la Fronde.

La politique européenne de 1610 à 1660. Restauration catholique en Autriche. Politique de l'Empereur dans l'Empire. La guerre de Trente ans ; les belligérants ; caractères généraux de la guerre (1) ; les armées ; la paix de Westphalie, la paix des Pyrénées.

Les Provinces-Unies au XVIIe siècle. États généraux ; stathouder ; compagnies de commerce. Vie intellectuelle.

L'Angleterre de 1603 à 1660. Les Stuarts ; tentative de monarchie absolue ; révolution de 1648 ; Cromwell.

IV

L'Angleterre de 1660 à 1714. La Restauration des Stuarts ; les conflits religieux et politiques. La réaction absolutiste. Révolution de 1688. La succession protestante. Le Royaume-Uni.

Louis XIV, la monarchie absolue. La doctrine du pouvoir royal ; la cour, l'étiquette ; le gouvernement. Œuvre de Colbert. Louvois. Les affaires religieuses : gallicanisme ; jansénistes ; calvinistes.

---

(1) Il ne sera pas fait d'exposé détaillé de l'histoire militaire et diplomatique de la guerre de Trente ans.

Politique extérieure de Louis XIV (¹). Louis XIV et la
succession d'Espagne ; acquisitions de territoires.
Les coalitions contre la France..

La Société française au XVII siècle*. Clergé, noblesse,
villes, paysans. La justice, la procédure criminelle.
État matériel de la France sous Louis XIV ; impôts
et expédients financiers.

L'Europe orientale au XVII siècle*. L'Autriche, la Hon-
grie et la Turquie. La Suède, la Pologne et la Russie.

Mouvement intellectuel en Europe au XVII siècle*. Sciences, philosophie, lettres, arts.

GÉOGRAPHIE

[Programme commun aux sections A, B, C, D.]

GÉOGRAPHIE GÉNÉRALE

I

La découverte de la Terre. Le monde connu des anciens.
Les routes de commerce et les grands voyageurs du
Moyen âge. La découverte de l'Amérique et de la route
maritime de l'Inde. L'exploration des mers australes.
L'exploration de l'Afrique. L'exploration des régions
polaires.

La science géographique. Ses transformations et ses
progrès. La représentation de la Terre : projections,
cartes, globes.

II

La Terre dans l'Univers. Le système solaire. La Terre

---

(1) Il ne sera pas fait d'exposé complet des guerres de Louis XIV.
Le professeur étudiera seulement, à titre d'exemple, les épisodes
principaux d'une de ces guerres.

dans le système solaire. Mouvements de la Terre.
Hypothèse de Laplace. Coup d'œil sur les époques
géologiques.

Le globe terrestre dans son état actuel. Ses dimensions.
Sa structure. Répartition des terres et des mers.

L'élément solide. L'écorce terrestre : sa composition ;
terrains éruptifs et sédimentaires ; terrains anciens et
récents ; propriétés des divers terrains. — Le relief ;
formation ; importance.

L'élément liquide. Les océans. L'eau de mer. Les mouvements des mers, vagues, marées, courants. Le fond
des mers ; la vie dans les mers.

L'élément gazeux. L'atmosphère. La température ; in-
fluences qui la déterminent. Les mouvements de
l'atmosphère : vents réguliers, périodiques ; action
des vents. Les pluies : formation ; répartition. Classification des climats.

Les eaux courantes. Neiges et glaciers. Les eaux d'infil-
tration et les sources. Les eaux de ruissellement et
les fleuves. Caractères principaux et utilité des cours
d'eau.

Les côtes. Côtes rocheuses, côtes sablonneuses, côtes
alluviales.

Les minéraux. Ressources minérales des divers terrains.

Les flores et les faunes. Répartition des plantes et des
animaux. Principales zones de végétation. Grandes
régions zoologiques.

Les modifications actuelles de la Terre. Les actions
internes : dislocations du sol ; tremblements de terre ;
volcans. Les actions externes : actions de l'atmosphère, des eaux courantes et souterraines, de la
mer. Les variations du climat et de la végétation.

III

L'homme. Place de l'homme dans l'histoire de la Terre.

La population actuelle du globe. Nombre des hommes; natalité et mortalité; répartition; principaux centres de peuplement; points de groupements des populations. Les races, langues et religions; leur distribution; pays civilisés et pays encore sauvages.

L'homme et la nature. Influence de la nature sur l'homme. Action de l'homme sur la nature. Déplacement des centres de peuplement et d'activité.

IV

Grands traits de la géographie économique du globe.

Les produits alimentaires. Le froment; le riz; la pomme de terre; la vigne; la betterave et la canne; le café; le thé : conditions de la culture; principaux pays producteurs et consommateurs.

Les textiles. Le lin et le chanvre; le coton; la laine; la soie : pays producteurs et pays manufacturiers.

Les combustibles. La houille; le pétrole.

Les minéraux précieux et les minéraux utiles. L'or et l'argent. Le fer, le cuivre, le plomb, l'étain, le nickel, le mercure.

Le monde économique actuel. Moyens et instruments de transport. Les grandes voies ferrées transcontinentales; les grandes lignes de navigation. Les principaux ports et les principaux pays industriels et commerçants.

MATHÉMATIQUES
[Programme commun aux sections A et B.]
(*2 heures.*)

L'enseignement des mathématiques dans les classes de Seconde et de Première A et B doit préparer les élèves à l'étude de la physique. Chaque fois que ce sera possible, les développements théoriques du programme de ces classes seront accompagnés d'exercices numériques.

Le professeur choisira les données de ces applications de telle sorte que les élèves soient rompus à l'emploi des fractions, des nombres décimaux, du système métrique et des changements usuels d'unités. Il ne craindra pas de faire apprécier, sur des exemples, une limite supérieure de l'erreur commise dans les calculs approchés les plus simples.

ALGÈBRE

Nombres positifs et négatifs.

Opérations. — Applications concrètes.

Monomes ; polynomes.

Addition, soustraction, multiplication des monomes et des polynomes.

Divisions des monomes.

Exercices sur les équations du premier degré à une ou deux inconnues ; inégalité du premier degré à une inconnue.

Variation de l'expression $ax + b$; représentation graphique.

Mouvement uniforme.

Représentation des variations de x^2 et $\dfrac{1}{x}$.

GÉOMÉTRIE

Du plan et de la droite dans l'espace.

Angle dièdre. Droites et plans parallèles. Droite et plan perpendiculaires.

Définition du parallélépipède, du prisme, de la pyramide.

Sections parallèles dans un prisme et une pyramide.

Cône et cylindre de révolution ; sections parallèles à la base.

Sphère ; grands cercles, petits cercles ; pôles.

Enoncé des règles relatives aux surfaces et volumes du

prisme, de la pyramide, du cylindre, du cône et de la sphère.

DESSIN

[Programme commun aux classes de Seconde et Première A, B, C, D, de Philosophie et Mathématiques A et B.)

(2 heures.)

Le maître n'aura pas à introduire dans la classe tous les modèles ni tous les détails d'exercices proposés. Il appartient à son initiative d'y faire un choix raisonné, approprié à son goût et aux moyens de ses élèves. On a voulu simplement indiquer la variété considérable des exercices que l'on peut entreprendre pour tenir en haleine la curiosité des esprits et affiner le sens de l'observation.

I. Dessins faits en classe :

a) Le modèle vivant vêtu, études d'ensemble et de détails ;

b) Dessin d'après la bosse : figures et monuments de l'antiquité, du Moyen Age, de la Renaissance, des temps modernes, contemporains ;

c) Etudes d'après les dessins des grands maîtres (figures humaines et paysages) ;

d) Dessins et croquis perspectifs d'instruments de physique, d'organes de machines, de détails d'architecture ;

e) Dessins à la loupe et d'après le miscroscope ;

f) Dessins et croquis de paysages, sous la direction du professeur.

II. Arrangements décoratifs.

III. Dessins et croquis de mémoire.

IV. Dessins faits hors de la classe (crayon, pastel, aquarelle, etc.).

V. Modelage.

VI. Etude de reproductions d'œuvres d'art. Visite des musées et des monuments.

———

PLAN D'ÉT. — 2ᵉ CYCLE (LITTÉR.)

CLASSE DE PREMIÈRE A

LANGUE FRANÇAISE

[Programme commun aux sections A, B, C.]

(4 heures.)

Explication et récitation d'auteurs français.

Les élèves seront habitués à faire des lectures complémentaires qui seront contrôlées en classe.

Compositions françaises.

Lectures et interrogations destinées à faire connaître les principaux écrivains français, du XVIIe siècle jusqu'à la fin de la première moitié du XIXe siècle.

AUTEURS (¹)

Morceaux choisis de prosateurs et de poètes des XVIe, XVIIe, XVIIIe et XIXe siècles.

Montaigne. — Principaux chapitres et extraits.

Corneille. — Théâtre choisi.

Molière. — Théâtre choisi.

Racine. — Théâtre choisi.

La Fontaine. — *Fables.*

Boileau. — *Épîtres. Satires. Art poétique.* — Extraits des œuvres en prose.

Pascal. — *Pensées. Provinciales* (I, IV, XIII et extraits).

Bossuet. — *Oraisons funèbres.* — *Sermons choisis.* — Extraits de ses œuvres diverses.

(¹) Le professeur choisira annuellement dans cette liste les auteurs qu'il fera expliquer en classe.

La Bruyère. — *Caractères.*

Fénelon. — *Lettre à l'Académie;* extraits des autres œuvres.

Lettres choisies du xvii* et du xviiie siècle.

Montesquieu. — *Considérations sur les causes de la grandeur des Romains et de leur décadence.* — Extraits de l'*Esprit des lois* et des œuvres diverses.

Buffon. — Extraits (discours et vues générales).

Voltaire. — Extraits des œuvres historiques et des autres ouvrages en prose.

Diderot. — Extraits.

J.-J. Rousseau. — Morceaux choisis. — *Lettres à d'Alembert sur les spectacles.*

Lectures sur la société au xviii* siècle extraites des mémoires et des correspondances.

Chefs-d'œuvre poétiques de Lamartine et de Victor Hugo.

Choix des moralistes du xvii*, du xviiie et du xix* siècle.

Choix des principaux historiens du xix* siècle.

LANGUE LATINE

[Programme commun aux sections A, B, C.]

(*3 heures.*)

Explication et récitation d'auteurs latins.

L'explication des textes sera le principal exercice de la classe.
Les élèves seront en outre engagés à faire des lectures supplémentaires qui seront contrôlées en classe.

Version latine.

Thème latin et composition latine.

Lectures et interrogations destinées à faire connaître les principaux écrivains latins.

Exercices complémentaires de latin (*2 heures*).

Voir le programme, page 49.

AUTEURS.

Cicéron. — Choix de lettres. — *Pro Milone.* — *Pro Murena.* — Extraits et analyses des principaux discours. — Extraits des œuvres morales et philosophiques. — Extraits des traités de rhétorique.
Conciones.

Tite-Live. — Un livre de la 3e décade.

Sénèque. — Extraits des lettres à Lucilius et des traités de morale.

Tacite. — *Annales.* — *Histoires.* — *Dialogue des orateurs.*

Théâtre latin : Extraits.

Lucrèce. — Extraits.

Virgile.

Horace. — *Satires* et *Épîtres.*

Anthologie des poètes latins (à l'exclusion des ouvrages compris dans les programmes).

Pages et pensées morales, extraites des auteurs latins.

LANGUE GRECQUE

(5 heures.)

Explication et récitation d'auteurs grecs.
Version grecque.
Thème grec.

AUTEURS.

Xénophon. — *Mémorables.*

Platon. — Extraits.

Démosthène. — *Les Philippiques ; le Discours sur la couronne.*

Orateurs attiques : Extraits (Lysias, Isocrate, Eschine, Hypéride).

Homère. — *Iliade, Odyssée.*

Eschyle. — Extraits.

Sophocle. — Une tragédie.

Euripide. — Une tragédie.

Aristophane. — Extraits.

Anthologie des poètes grecs à l'exception des ouvrages compris dans les programmes.

Pages et pensées morales extraites des auteurs grecs.

LANGUES VIVANTES

[L'une des cinq langues suivantes : allemand, anglais, espagnol, ita'ien, russe.]

(2 heures.)

Voir les programmes et les instructions page 71.

HISTOIRE ET GÉOGRAPHIE

(5 heures.)

HISTOIRE ANCIENNE

[Programme commun aux sections A et B.]

I

Description de l'Italie. Anciennes populations. Les Étrusques ; tombeaux ; religion. Les Latins.

Rome primitive. Tradition sur les rois et sur les premiers temps de la République ; la lutte entre les ordres. Description sommaire des institutions.

La religion. Les dieux ; le culte ; les prêtres : culte du foyer et des morts.

L'armée romaine. Enrôlement, armement, camps, discipline ; le triomphe.

La conquête de l'Italie (¹). Les voies romaines.

---

(1) Le professeur ne fera pas l'exposé des guerres.

II

La conquête du bassin de la Méditerranée. Caractères de
la politique et de la guerre : Macédoine, Carthage,
Espagne, Gaule méridionale.

Conséquences des conquêtes. Introduction de l'hellé-
nisme ; Scipion et Caton. — Transformation des
mœurs ; habitation, vêtement, repas, jeux. — Transformation dans la religion, la vie intellectuelle, la
morale. — Transformation sociale ; disparition de la
classe moyenne ; la clientèle. Noblesse : chevaliers ;
plèbe ; esclaves.

La vie politique. Les magistrats ; le cens ; une séance
du Sénat ; les assemblées et les élections.

Administration des provinces. Les peuples soumis ; les
proconsuls ; les publicains.

Les Gracques. Les lois agraires.

Marius et Sylla. Guerre sociale ; guerre civile ; pros-
criptions et loi de Sylla.

Pompée. Spartacus. Guerres en Orient. Catilina.

César. La conquête des Gaules.

Fin de la République. Caton d'Utique. Pharsale. Dicta-
ture de César. Le Triumvirat ; Actium.

III

Auguste. Organisation du gouvernement et du culte ;
l'apothéose. Administration des provinces. Les
colonies. Les armées des frontières. — Lettres et arts.
Monuments. Commerce.

Les Empereurs. La famille d'Auguste. Les prétoriens.
Révoltes et guerres. Les Flaviens, les Antonins. La
paix romaine.

L'Empire romain au IIIe siècle. Les Sévères. Anarchie
et invasions. Dioclétien.

La civilisation romaine sous l'Empire. La vie romaine ;
Pompéi. Les spectacles, les écoles, les mœurs.
L'aristocratie. Les classes inférieures ; les esclaves,
les associations.

Le droit romain. La famille ; la propriété ; la procédure.

Le christianisme. L'Église primitive ; les persécutions.

Constantin. Triomphe du christianisme ; organisation
de l'Église.

Derniers temps de l'Empire. Julien. Suppression du
paganisme. Nouvelle organisation de l'Empire. Rome
et Constantinople ; la cour ; les fonctionnaires ; les
curiales ; les colons. Les Barbares dans l'armée.

IV

Les Barbares. Les Germains ; mœurs et religions.
Établissement des Germains dans l'Empire : Francs,
Anglo-Saxons. Conversion au christianisme. Clovis.

La Gaule franque. La royauté mérovingienne. Les
régions de la Gaule franque.

L'Église en Occident. La papauté. Grégoire le Grand.

Le rétablissement de l'Empire. Charlemagne. Le
démembrement de l'Empire en royaumes. Otton Ier
empereur.

Les Arabes. Mahomet ; le Coran ; l'Islam. L'Empire et
la civilisation arabe.

L'Empire byzantin du Ve au Xe siècle. Les lois ; la
religion ; l'art.

HISTOIRE MODERNE
[Programme commun aux sections A, B, C, D.]

I

La France sous le règne de Louis XV. La Régence. Les

parlements ; les affaires religieuses ; les difficultés financières.

L'Angleterre au XVIIIe siècle (1). Formation du régime parlementaire. La crise constitutionnelle (1760-1783). La réaction tory.

L'Empire russe au XVIIIe siècle. Les réformes de Pierre le Grand. Le gouvernement de Catherine II.

L'État prussien aux XVIIe et XVIIIe siècles. Le Grand-Électeur. Frédéric-Guillaume Ier. Frédéric II.

L'État autrichien au XVIIIe siècle. La Pragmatique. Marie-Thérèse. Les réformes de Joseph II.

La politique continentale de 1715 à 1763. Politique de la France. Rivalité de la Prusse et de l'Autriche (2). Rivalité de la France et de l'Angleterre.

La politique coloniale. — Le conflit en Amérique jusqu'à 1763 ; les compagnies de commerce aux Indes. Formation de l'Empire britannique.

Soulèvement des colonies anglaises. Formation des États-Unis jusqu'à 1787.

La politique orientale. Pologne et Turquie jusqu'à 1795.

Caractères généraux du XVIIIe siècle. La société française, les salons, les financiers. — Les lettres ; les arts ; les sciences ; les idées philosophiques et économiques. Le « despotisme éclairé ». L'administration des intendants.

II

Louis XVI. La crise financière.

La France en 1789. La cour ; le gouvernement ;

---

(1) Le professeur ne fera point l'histoire complète et suivie des ministères.

(2) Le professeur ne fera point l'exposé de la guerre de succession d'Autriche ni de la guerre de Sept ans. Il choisira quelques exemples d'actions militaires.

l'administration ; les finances ; la justice. L'état social.

La période monarchique de la Révolution. Les États Généraux et la Constituante. Abolition de l'ancien régime. Transformation de la société française par la Révolution. La Constitution de 1791. L'Assemblée législative ; résistance du roi ; formation du parti républicain ; la chute de la royauté.

La République. La Convention ; les partis ; les insurrections ; le gouvernement révolutionnaire ; la réaction après Thermidor. La Constitution de l'an III. L'œuvre de la Convention. -- Le gouvernement du Directoire.

La lutte contre l'Europe de 1792 à 1802. Les conquêtes. Les traités (¹).

Le Gouvernement consulaire et impérial. La Constitution de l'an VIII et ses transformations. Caractères du pouvoir impérial. Organisation intérieure. — Le Concordat et les Articles organiques ; lutte avec le pape.

La politique extérieure de Napoléon. La lutte contre l'Angleterre. Les guerres jusqu'au traité de Tilsitt ; Austerlitz ; Iéna ; Friedland. — Le blocus continental. — Les résistances nationales : Espagne ; Allemagne. Les réformes de la Prusse.

La fin de l'Empire. Guerre de Russie; la coalition générale ; l'invasion. La première Restauration. Les Cent Jours ; Waterloo. — Les traités de Paris. Les remaniements territoriaux en Europe.

(¹) Pour les guerres de la Révolution et de l'Empire, le professeur choisira une ou deux campagnes qu'il étudiera avec quelques détails à titre d'exemple.

GÉOGRAPHIE

[Programme commun aux sections A, B, C, D.]

LA FRANCE

I

Constitution géologique. Le relief. Les climats. Le régime des eaux. Les côtes.
Formation de la nation française. Répartition de la
population. Langues et religions.

II

Étude de la France par grandes régions naturelles.
Traits caractéristiques du relief, du climat, du
régime des eaux, de la géographie économique. Population et villes.

III

Régime administratif étudié particulièrement dans le
département et dans la commune. Organisation militaire ; traits essentiels de la défense des frontières.
Géographie économique. Grands centres de production.
Les moyens de communication.

IV

Les colonies. L'Algérie ; le protectorat de la Tunisie ;
l'Afrique française ; Madagascar ; l'Indo-Chine ; les
colonies du Pacifique ; les colonies d'Amérique.
La France dans le monde ; rapports avec les grands
pays du globe.

MATHÉMATIQUES (¹)

[Programme commun aux sections A et B.]

(2 heures, plus 2 heures facultatives.)

ALGÈBRE

Exercices sur les équations du premier degré à une ou plusieurs inconnues, et du second à une inconnue.

Variation du trinome du second degré; représentation graphique. Mouvement uniformément varié.

Variation de l'expression $\dfrac{ax+b}{a'x+b'}$; représentation graphique.

GÉOMÉTRIE

Mesure des angles; degrés, grades, radians.

Triangles semblables. — Définition du sinus, du cosinus et de la tangente d'un angle compris entre 0 et 2 droits.

Sinusoïde.

Relations métriques dans le triangle et dans le cercle.

Résolution des triangles rectangles.

Mesure des aires planes.

Notions élémentaires sur la symétrie.

Exercices numériques sur les règles relatives aux surfaces et aux volumes du prisme, de la pyramide, du cylindre, du cône et de la sphère.

PROGRAMMES FACULTATIFS

Algèbre. — Notions de la dérivée; signification géométrique de la dérivée. Le signe de la dérivée indi-

---

(1) Voir la note qui précède le programme de Seconde A, p. 31.

que le sens de la variation ; applications à la variation des fonctions $\dfrac{ax + b}{a'x + b'}$, $ax^2 + bx + c$.

Géométrie. — Homothétie et similitude dans le plan. Homothétie dans l'espace.

Notions sur les polygones réguliers.

Trièdres.

Trigonométrie. — Le programme sera le même que celui de la classe de Première C et D, moins ce qui concerne les problèmes de division des arcs.

Le professeur chargé d'un enseignement facultatif reste juge des développements qu'il croira pouvoir donner aux diverses parties du programme correspondant, suivant la force des élèves auxquels il s'adresse. Toutefois, il lui est recommandé de donner des notions sur toutes les parties de ce programme.

DESSIN (Facultatif.)

(*2 heures.*)

Voir le programme de Seconde **A**, page 33.

CLASSE DE PHILOSOPHIE A

PHILOSOPHIE ET AUTEURS PHILOSOPHIQUES

[Programme commun aux sections A et B.]

*(8 heures pendant un semestre, 9 heures
pendant l'autre semestre.)*

1° PHILOSOPHIE

N. B. L'ordre adopté dans le programme n'enchaîne pas la liberté
du professeur ; il suffit que les questions indiquées soient
toutes traitées.

INTRODUCTION.

Objet et divisions de la philosophie.

PSYCHOLOGIE.

Caractères propres des faits psychologiques. La conscience.

La vie intellectuelle.

Les données de la connaissance. — Sensations. —
Images. — Mémoire et association.

L'attention et la réflexion. — La formation des idées
abstraites et générales. — Le jugement et le raisonnement.

L'activité créatrice de l'esprit

Les signes ; rapport du langage et de la pensée.

Les principes rationnels ; leur développement et leur
rôle.

Formation de l'idée de corps et perception du monde
extérieur.

La vie affective et active.

Le plaisir et la douleur. — Les émotions et les passions. — La sympathie et l'imitation.

Les inclinations. — Les instincts. — L'habitude.

La volonté et le caractère. — La liberté.

Conclusion : Le physique et le moral. — L'automatisme psychologique. — La personnalité : l'idée du *moi*.

NOTIONS SOMMAIRES D'ESTHÉTIQUE.

Notions sommaires sur le beau et sur l'art.

LOGIQUE.

Logique formelle : Les termes. — La proposition. — Les diverses formes du raisonnement.

La science : Classification et hiérarchie des sciences.

Méthode des sciences mathématiques : Définitions. — Axiomes et postulats. — Démonstration.

Méthode des sciences de la Nature : L'expérience : les méthodes d'observation et d'expérimentation. — L'hypothèse ; les théories. — Rôle de l'induction et de la déduction dans les sciences de la Nature. — La classification.

Méthode des sciences morales et sociales : Les procédés de la psychologie. — Rapports de l'histoire et des sciences sociales.

MORALE.

Objet et caractère de la morale.

Les données de la conscience morale : Obligation et sanction.

Les mobiles de la conduite et les fins de la vie humaine : Le plaisir, le sentiment et la raison. — L'intérêt personnel et l'intérêt général. — Le devoir et le bonheur. — La perfection individuelle et le progrès de l'humanité.

Morale personnelle : Le sentiment de la responsabilité. — La vertu et le vice. — La dignité personnelle et l'autonomie morale.

Morale domestique : La constitution morale et le rôle social de la famille. — L'autorité dans la famille.

Morale sociale : Le droit. — Justice et charité. — La solidarité.

Les droits : Respect de la vie et la liberté individuelle. — La propriété et le travail. — La liberté de penser.

Morale civique et politique : La Nation et la Loi. — La Patrie. — L'État et ses fonctions. — La démocratie ; l'égalité civile et politique.

N. B. — Le professeur insistera, tant à propos de la morale personnelle que de la morale sociale, sur les dangers de l'alcoolisme et sur ses effets physiques, moraux et sociaux : dégradation morale, affaiblissement de la race, misère, suicide, criminalité.

MÉTAPHYSIQUE

Valeur et limites de la connaissance.

Les problèmes de la philosophie première ; la Matière, l'Ame et Dieu.

Rapports de la **métaphysique** avec la science et la morale.

2° AUTEURS PHILOSOPHIQUES

Le professeur choisira dans la liste suivante quatre textes qui seront commentés en classe et qui serviront de base à l'exposition des systèmes de philosophie auxquels ils se rattachent.

Textes prescrits par l'arrêté du 31 mai 1902 :

Xénophon : un livre des *Mémorables.*

Platon : *Phédon* ; *Gorgias* ; un livre de la *République.*

Aristote : un livre de la *Morale à Nicomaque* ; un livre de la *Politique.*

Épictète : *Manuel.*

Marc-Aurèle.

48   SECTION LATIN-GREC

Lucrèce : *De Natura rerum*, livre II ou livre V.

Sénèque : Extraits des *Lettres à Lucilius* et des *Traités*
de morale.

Bacon : *De la dignité et de l'accroissement des sciences*.

Descartes : *Discours de la Méthode ; Méditations ; Les
Principes*, livre I.

Pascal : *Pensées* et opuscules.

Malebranche : *De la recherche de la vérité*, livre I ou II.
— *Entretiens sur la métaphysique*.

Spinoza : *Éthique* (un livre).

Leibnitz : *Nouveaux essais*, avant-propos et livre I. —
— *Théodicée* (Extraits). — *Monadologie*. — *Discours
de métaphysique*.

Hume : *Traité de la nature humaine* (un livre).

Condillac : *Traité des sensations*, livre I.

Montesquieu : *Esprit des lois*, livre I.

J.-J. Rousseau : *Contrat social* (un livre).

Kant : *Fondement de la métaphysique des mœurs*. —
Prolégomènes.

Jouffroy : Extraits.

A. Comte : *Cours de philosophie positive*, 1re et 2e leçons. — *Discours sur l'esprit positif*.

Cl. Bernard : *Introduction à l'étude de la médecine expérimentale*, 1re partie.

Stuart Mill : *Logique*, livre VI. — *L'Utilitarisme*. — *La
Liberté*.

Spencer : *Les premiers principes* (1re partie). — *Introduction à la science sociale*.

**Textes ajoutés aux précédents par l'arrêté
du 31 juillet 1906 :**

Cicéron : *De Officiis*.

Locke : *Essai sur l'entendement humain*, livre I.

Cournot : *Matérialisme. Vitalisme. Rationalisme*.

GREC-LATIN (Facultatif.)
(*4 heures.*)
CONFÉRENCES FACULTATIVES
(CLASSE DE PHILOSOPHIE ET VÉTÉRANCE)

LATIN

Les auteurs de la classe de Première.
Cicéron. — Extraits des Traités de rhétorique.
Lucain. — Extraits.

GREC

Les auteurs de la classe de Première.
Thucydide. — Extraits.
Aristote. — Extraits de la *Rhétorique* et de la *Poétique*.
Théocrite. — *Idylles* choisies.

LANGUES VIVANTES (Facultatif.)
[L'une des cinq langues suivantes : allemand, anglais, espagnol, italien, russe.]
(*2 heures.*)

Voir le programme et les instructions page 71.

HISTOIRE ET GÉOGRAPHIE (¹)
(Programme commun aux sections A et B et aux Mathématiques A et B.)
(*3 heures pendant un semestre, 4 heures pendant un semestre, dont 1 heure hebdomadaire pendant les deux semestres pour la géographie.*)

HISTOIRE
I

La Restauration en Europe. L'Europe après le Congrès de Vienne. — Les monarchies absolues ; les congrès ; les interventions.

---

(1) La géographie a été introduite dans les classes terminales du second cycle (Philosophie et Mathématiques) par arrêté du 28 juillet 1905 :

« Une trentaine de leçons (soit 1 h. par semaine) suffisent pour cet enseignement. Quelques simplifications dans le programme d'histoire ont permis de ne pas ajouter plus d'une demi-heure à l'horaire. » (*Circulaire du 28 juillet 1905.*)

La Monarchie constitutionnelle en France (1). La Charte;
régime électoral; presse; budget. Luttes des partis.
La révolution de 1830. Revision de la Charte. — Gouvernement de Louis-Philippe; les partis d'opposition; formation des partis catholique et socialiste.

L'Angleterre jusqu'en 1848. La réforme de 1832; les
agitations chartiste et irlandaise; l'agitation libreéchangiste.

Le mouvement intellectuel en Europe pendant la première moitié du XIX⁰ siècle. Les arts; les lettres; les
sciences.

II

La Révolution de 1848 et la réaction. En France, en
Italie, en Allemagne, en Autriche.

Le second Empire. La Constitution de 1852; l'Empire
autoritaire; l'Empire libéral.

Les guerres nationales. Formation de l'unité italienne.
Formation de l'unité allemande; la guerre de 1870.

La question d'Orient. Désorganisation et démembrement de l'Empire ottoman; formation des États chrétiens des Balkans. Guerre de Crimée. Guerre des
Balkans. Congrès de Berlin. Les États des Balkans
depuis 1878; l'Autriche puissance balkanique.

III

L'Église catholique. Pie IX; le concile du Vatican.
Léon XIII.

La France de 1870 à 1889. La Constitution de 1875.
Principales réformes.

---

(1) Dans l'histoire parlementaire de la France et de l'Angleterre, le professeur ne fera pas l'histoire complète et suivie des
ministères.

L'Empire allemand. La constitution. Les partis. — L'Alsace-Lorraine.

L'Autriche-Hongrie depuis 1860. Les luttes des nationalités.

L'Angleterre. Réformes démocratiques. — L'Irlande.

L'Espagne. Les révolutions. — *La Belgique.* Les partis; le régime électoral. — *La Suisse.* L'État fédéral ; le gouvernement direct.

La Russie au XIX⁰ siècle. La Pologne ; les réformes d'Alexandre II ; l'abolition du servage.

Le Mouvement intellectuel dans la seconde moitié du XIXᵉ siècle. Les arts ; les lettres ; les sciences.

IV

Transformation de l'industrie et du commerce. La vapeur ; l'électricité ; la grande industrie ; développement des relations internationales.

Les puissances européennes en Afrique. La conquête de l'Algérie. Le protectorat français en Tunisie. La question d'Égypte. Le partage de l'Afrique. Convention de Berlin. La lutte contre la traite.

Les puissances européennes en Asie. Asie russe ; Asie anglaise ; Asie française. — Extrême-Orient : le Japon ; la Chine.

L'Amérique. Formation des États de l'Amérique latine. Les États-Unis, organisation de l'État fédéral depuis 1787. Les partis. Agrandissement du territoire. Abolition de l'esclavage. La politique d'annexion.

V

Caractères généraux de la civilisation contemporaine. La paix armée. Les alliances. Importance des intérêts économiques. L'impérialisme.

Respect de la personnalité humaine : abolition de l'esclavage et du servage. Adoucissement de la législation pénale.

Liberté religieuse : suppression des religions d'État.

Les libertés politiques : le régime représentatif ; les principales formes de gouvernement.

Formation du régime démocratique : le droit de suffrage ; le suffrage universel ; l'instruction populaire ; le service militaire.

Les doctrines sociales et la législation ouvrière.

GÉOGRAPHIE

Ce programme, en harmonie avec le programme d'histoire, a pour but de faire bien connaître aux élèves l'état économique actuel des principales puissances du globe, étude qui suppose la connaissance de leurs conditions géographiques.

L'étendue du programme suffit à montrer qu'il ne s'agit pas d'entrer dans de trop grands détails, mais de bien faire saisir la physionomie des grandes régions géographiques dans ses relations avec le relief, le climat, l'hydrographie, les productions naturelles, etc.

Pour l'exposé de la géographie physique qui précédera naturellement toute considération économique, le professeur a toute liberté de grouper plusieurs États, par exemple d'exposer d'ensemble la géographie physique de l'Europe centrale, ou encore de réserver l'étude du Canada pour la joindre à celle des États-Unis.

LES PRINCIPALES PUISSANCES DU MONDE

Iles Britanniques. Géographie physique et économique. L'empire britannique. (Pour l'Angleterre comme pour les autres puissances, on n'insistera que sur les grandes colonies.) L'Angleterre en Afrique. L'Inde anglaise. L'Australie et la Nouvelle-Zélande. Le Canada.

Belgique et Pays-Bas. Géographie physique et économique. Le Congo belge. Les Indes néerlandaises.

Allemagne. Géographie physique et économique. L'émigration. La colonisation allemande. Le commerce allemand dans le monde.

Suisse. Géographie physique et économique. Les percées alpines.

Autriche-Hongrie. Géographie physique et économique. Les nationalités.

Italie. Géographie physique et économique. L'émigration italienne.

Empire russe. Géographie physique et économique. Les dépendances de la Russie en Asie.

Chine et Japon. Géographie physique et économique. L'émigration chinoise et japonaise.

États-Unis. Géographie physique et économique. Accroissement de la population. Expansion des États-Unis.

République Argentine et Brésil. Géographie physique et économique. Développement de la colonisation.

Les grandes voies de communication. Routes maritimes et terrestres. Chemins de fer. Grandes lignes de navigation. Télégraphes.

MATHÉMATIQUES (Facultatives.)
[Programme commun aux sections A et B.]
(*2 heures.*)

Fonctions d'une variable. — Représentation graphique de la variation d'un phénomène qui dépend d'une seule variable ; courbes des températures, des pressions ; application à la statistique. Notion de fonctions ; représentation graphique de fonctions très simples :

$$y = ax, \qquad y = ax + b, \qquad y = x^2,$$
$$y = x^3, \qquad y = \frac{1}{x}.$$

Construction d'une droite définie par une équation
numérique du premier degré entre x, y; pente ou
coefficient angulaire, ordonnée à l'origine. Coefficient angulaire de la droite qui joint deux points.

Usage du papier quadrillé. Résolution de deux équations numériques du premier degré à deux inconnues par l'intersection de deux droites.

Dérivées. — Dérivée d'une somme, d'un produit, d'un
quotient, de la racine carrée d'une fonction.

Variation des fonctions

$$\frac{ax^2 + bx + c}{a'x^2 + b'x + c'} \qquad \text{et} \qquad ax^3 + bx^2 + cx + d,$$

où les coefficients ont des valeurs numériques.

Vitesse dans le mouvement rectiligne varié.

Applications numériques nombreuses tirées de la géométrie et se rapportant aux aires (rectangle, parallé-
logramme, triangle, trapèze, cercle, cylindre droit,
cône droit, zone, sphère) et aux volumes (parallélépipède, prisme, pyramide, cylindre, cône, sphère).

Ces applications numériques seront l'occasion d'une
revision du système métrique et des règles de calcul
des nombres entiers, des fractions ordinaires et des
fractions décimales.

Géométrie. — Étude des propriétés élémentaires de
l'ellipse, de l'hyperbole et de la parabole.

Trigonométrie. — Résolution des triangles; applications numériques.

Le programme précédent étant facultatif et n'ayant pas de
sanction, le professeur jouira de la plus grande liberté pour
adapter son enseignement à la force et aux besoins de ses élèves.
Il ne sera nullement tenu de traiter tout le programme et
pourra — s'il n'a comme élèves que de futurs médecins sortant
de Première A et B et n'ayant pas suivi la conférence facultative
de mathématiques — se borner à « la revision du système mé-

trique, et des règles de calcul des nombres entiers, des fractions ordinaires et des fractions décimales » avec de nombreuses applications.

COSMOGRAPHIE

(*1 heure.*)

Système de Copernic.

Le Soleil, ses dimensions, sa distance à la Terre.

Notions sommaires sur la constitution physique, la rotation, les taches du Soleil.

Notions sommaires sur les planètes.

La Terre. Forme et dimensions. Rotation, pôles, équateur, méridiens, parallèles. Longitude. Latitude.

La Lune. Mouvement. Constitution physique.

Comètes. Étoiles filantes. Bolides.

Étoiles. Néhuleuses. Voie lactée.

PHYSIQUE et CHIMIE

[Programme commun aux sections A et B.]

(*5 heures.*)

PHYSIQUE

Pesanteur. — Poids des corps. — Direction commune aux poids de tous les corps en un lieu donné. — Centre de gravité. — Dynamomètre.

Comparaison des poids des corps en un lieu donné : balance.

Notion générale de la force. — Énoncé de la règle de composition de deux forces appliquées au même point; de la règle de composition de deux forces parallèles appliquées à un solide, et opération inverse.

Notion expérimentale du travail, de la puissance : exemples familiers et données numériques. — Conservation du travail.

Chute des corps dans le vide et dans l'air; tube de Newton; machine de Morin, ou toute autre permettant l'étude expérimentale directe de la *chute libre*.

Établissement des lois fondamentales de la dynamique au moyen de la machine d'Atwood ou du plan incliné; application à la chute libre des corps. — Définition de la masse. — Intensité de la pesanteur.

Pendule (étude expérimentale); formule (sans démonstration). — Principe de la mesure de g. — Variation du poids d'un corps avec la latitude et avec l'altitude (expérience de Von Jolly): la pesanteur est un cas particulier de l'attraction universelle. — Application du pendule aux horloges; échappement.

ÉQUILIBRE DES LIQUIDES ET DES GAZ. — Force exercée sur une portion plane de paroi; pression. (*On admettra comme faits d'expérience que la pression est normale à la paroi et que sa grandeur est indépendante de l'orientation de la paroi.*) Variation de la pression avec la profondeur. — Applications et exemples. — Pression atmosphérique. — Baromètre; variation de la pression atmosphérique avec l'altitude. — Manomètres usuels.

Principe d'Archimède. — Corps flottants; aérostats.

Poids spécifiques relatifs ou densités.

Compressibilité des gaz. (*On se bornera à l'approximation donnée par la loi de Mariotte.*) — Mélange des gaz. — Étude sommaire des pompes à gaz et à liquides.

CHALEUR. — Thermomètre à mercure; détermination des points fixes. — Principe de la mesure des coefficients de dilatation; applications. — Maximum de densité de l'eau.

Quantité de chaleur; méthode des mélanges considérée comme permettant de mesurer des quantités de chaleur d'origine quelconque. — Définition de la chaleur spécifique.

Fusion et solidification. — Point de fusion. — Chaleur de fusion (simple définition).

Notions élémentaires sur la vaporisation des liquides ; maximum de pression d'une vapeur ; variation avec la température (représentation graphique). — Température critique : continuité de l'état liquide et de l'état gazeux. — Liquéfaction des gaz. — Ébullition. — Chaleur de vaporisation (simple définition).

Vapeur d'eau dans l'atmosphère, point de rosée, sa détermination. — Brouillards ; nuages.

Optique. — Propagation rectiligne de la lumière dans un milieu homogène. — Vitesse : résultats des mesures.

Miroirs plans : lois de la réflexion. — Étude expérimentale des miroirs sphériques concaves.

Réfraction ; existence de la réflexion totale ; étude expérimentale des lentilles. (*L'existence des images et les propriétés des plans focaux seront considérées comme données par l'expérience.*)

Loupe. Principes du microscope, de la lunette astronomique et de la lunette de Galilée.

Dispersion de la lumière ; spectres des diverses sources lumineuses ; spectres d'absorption, spectre solaire ; couleur des corps.

Photographie.

Électricité et magnétisme. — (*Dans l'étude de l'électricité, comme dans les autres parties du programme, le professeur pourra suivre un ordre différent de*

*l'ordre indiqué et commencer, par exemple, par
l'étude du courant.)*

Électrisation ; cylindre de Faraday ; quantité d'électricité. (*On se contentera d'indiquer les unités pratiques.*) Développement simultané des deux électricités.

Électrisation par influence. — Pouvoir des pointes ; paratonnerre. — Principe des machines électriques. — Électrophore.

Notion expérimentale de la différence de potentiel entre deux conducteurs.

Condensateurs ; capacité.

Courant électrique. — Intensité.

Aimants ; expérience de l'aimant brisé. — Définitions de la déclinaison et de l'inclinaison.

Définition expérimentale du champ magnétique ; expériences sur les spectres magnétiques ; champ magnétique d'un courant ; règle d'Ampère, solénoïde ; galvanomètre à aimant mobile, ampèremètre.

Aimantation par les champs magnétiques. — Électro-aimant ; applications : télégraphe.

Action d'un champ magnétique sur un courant ; galvanomètre à cadre mobile. — Principe de la machine Gramme employée comme récepteur.

Piles hydroélectriques.

Lois d'Ohm.

Loi de Joule. — Éclairage électrique. — Four électrique.

Électrolyse. — Lois de Faraday. — Polarisation : accumulateurs. — Galvanoplastie.

Induction : expériences fondamentales.

Emploi de la machine Gramme comme générateur. — Corrélation des phénomènes d'induction et des phé-

nomènes électromagnétiques. — Téléphone, micro-
phone.

Énergie. — Diverses formes de l'énergie (mécanique,
thermique, électrique, chimique, etc.) ; leurs transformations mutuelles. — Expériences de Joule :
équivalent mécanique de la calorie. — Principe de
la conservation de l'énergie. — Machines thermiques.
— Énoncé du principe et du théorème de Carnot. —
Idée de la dégradation de l'énergie.

Mouvements périodiques. — *Généralités.* — Méthode
graphique. (*On indiquera les applications de cette
méthode à la physiologie.*) — Vibrations longitu-
dinales et transversales. — Démonstration expérimentale de la propagation d'un mouvement vibratoire. — Longueur d'onde. — Existence des phénomènes d'interférence. — Réflexion des ondes. —
Ondes stationnaires. — Nœuds et ventres.

Phénomènes périodiques en acoustique. — Le son est
dû à un mouvement vibratoire. — Phonographe. —
Vitesse du son. — Qualités physiologiques du son ;
leur interprétation physique. — Sons musicaux. —
Intervalles. — Harmoniques.
Étude sommaire des lois des vibrations transversales
des cordes. — Étude sommaire des tuyaux sonores.

Phénomènes périodiques en optique. — Analogies de la
lumière et du son. — Hypothèse des vibrations
lumineuses. — Qualités physiologiques de la lumière ; leur interprétation physique. Radiations
infra-rouges et ultra-violettes : étude sommaire.

Phénomènes périodiques en électricité. — Notions très
élémentaires sur les propriétés des courants alter-
natifs : définition expérimentale de l'intensité effi-

cace. — Transformateurs. — Principe de la bobine
de Ruhmkorff. — Oscillations électriques. — Principe
de la télégraphie sans fil.

Décharge à travers les gaz. — Rayons cathodiques. —
Rayons X.

CHIMIE
Chimie minérale.

Eau pure ; analyse, synthèse.

Hydrogène.

Oxygène.

Air ; expériences de Lavoisier. — Azote.

Électrolyse du chlorure de sodium : chlore, sodium,
 soude caustique.

Acide chlorhydrique.

Ammoniaque.

Corps simples : métalloïdes, métaux. — Corps com-
 posés.

Principe de la conservation de la matière. — Loi des
 proportions définies. — Loi des volumes.

Symboles. — Notation atomique ; formules.

Soufre ; anhydride sulfureux ; acide sulfurique ; acide
 sulfhydrique.

Acide azotique.

Phosphore.

Carbone ; ses variétés principales ; anhydride carbo-
 nique ; oxyde de carbone.

Propriétés pratiques des métaux usuels et des alliages.

Chlorure de sodium. — Carbonate de sodium.

Chaux, plâtre.

Fer. — Cuivre et alliages.

Argent et or ; alliages monétaires.

Eaux naturelles.

Chimie organique.

Carbures d'hydrogène. — Méthane, pétroles. — Éthylène. — Acétylène. — Benzène.

Gaz de l'éclairage.

Alcool éthylique ; fermentation alcoolique.

Acide acétique ; vinaigre ; fermentation acétique.

Éthers-sels. — Corps gras ; acides gras.

Glycérine, bougies et savons.

Saccharose ; glucose.

SCIENCES NATURELLES

[Programme commun aux sections A et B
et aux classes de Mathématiques A et B.]

(2 heures.)

Conseils généraux. — Cet enseignement doit être donné de façon à initier les élèves à la méthode expérimentale et à développer chez eux l'esprit d'observation.

Les notions purement anatomiques et histologiques seront réduites au minimum.

Dans le développement du programme, le professeur pourra d'ailleurs suivre un ordre différent de l'ordre indiqué.

ANATOMIE ET PHYSIOLOGIE ANIMALES

I. INTRODUCTION.

Éléments constitutifs des animaux ; leur multiplication. — Notions sommaires sur les tissus ; leur groupement en organes.

II. ÉTUDE SPÉCIALE DES FONCTIONS CHEZ L'HOMME.

FONCTIONS DE RELATION. — *Le squelette :* structure, composition chimique et accroissement des os : description sommaire des différentes parties du squelette ; articulations.

Les muscles : forme, structure, propriétés physiologiques ; analyse expérimentale de la contraction musculaire ; le myographe. — Chaleur et travail musculaires ; les sources de l'énergie musculaire.

Notions de mécanique animale.

Le système nerveux : anatomie sommaire des centres nerveux ; les nerfs et leur rôle ; fonctions des centres nerveux.

Les organes des sens : la peau et ses différentes fonctions ; l'odorat et le goût ; l'œil, la vision et l'accommodation ; les principales anomalies de la vision ; notions sommaires sur l'oreille.

FONCTIONS DE NUTRITION. — *La digestion* : les aliments ; étude sommaire de l'appareil digestif ; chimie de la digestion.

La circulation : sang, appareil circulatoire et mécanisme de la circulation. — Lymphe.

L'absorption.

La respiration : appareil respiratoire ; phénomènes mécaniques de la respiration ; échanges gazeux dans les poumons ; respiration des tissus. — La chaleur animale.

Notions sommaires sur le foie et les reins.

Réserves nutritives : glycogène et graisses.

III. PRINCIPAUX TYPES D'ORGANISATION DANS LE RÈGNE ANIMAL.

Le type protozoaire. — Montrer les perfectionnements progressifs des Métazoaires en prenant pour base l'étude d'un type commun des principaux groupes d'Invertébrés (polype, annélide et insecte).

Traits fondamentaux des Vertébrés. Modifications caractéristiques des appareils respiratoire, circulatoire, nerveux et adaptations des extrémités des membres chez les différentes classes des Vertébrés.

ANATOMIE ET PHYSIOLOGIE VÉGÉTALES

I. INTRODUCTION.

La cellule et les principaux tissus végétaux.

II. ÉTUDE SPÉCIALE DES FONCTIONS CHEZ LES PHANÉROGAMES.

Appareil végétatif. — Forme, structure et croissance de la racine, de la tige et de la feuille. Principales adaptations au milieu.

Physiologie de la nutrition. — Les échanges gazeux chez les plantes : respiration, chlorophylle et assimilation chlorophyllienne, transpiration. — Les aliments de la plante ; sources de l'azote. — Nutrition des plantes vertes : absorption de l'eau et des sels minéraux, circulation de la sève brute, formation de la sève élaborée. Réserves nutritives. — Nutrition des plantes sans chlorophylle.

Reproduction ([1]). — Fleur : enveloppes florales ; étamines, anthère, pollen ; carpelles, ovule. Fécondation et développement. Étude très sommaire du fruit. Graine et germination.

III. PRINCIPAUX TYPES D'ORGANISATION DANS LE RÈGNE VÉGÉTAL.

Algues et champignons, mousses ; cryptogames vasculaires : phanérogames. Comparaison des modes de

---

([1]) L'étude de la reproduction pourra être commencée indifféremment par les phanérogames ou les cryptogames.

reproduction chez les cryptogames et les phanéro-games.

IV. CONCLUSION.

Phénomènes de la vie communs aux animaux et aux végétaux.

GÉOLOGIE

La terre. — Notions de la composition de l'écorce terrestre ; roches sédimentaires, roches éruptives, filons métalliques.

Des déformations de la croûte terrestre sous l'influence des agents physiques : formation des montagnes, creusement des vallées, modifications de la configuration des continents et des mers.

Les temps géologiques. — Prèuves de l'immensité de leur durée ; preuves de leur succession fournies par la stratigraphie et la paléontologie.

Idée de l'évolution générale des végétaux et des animaux.

HYGIÈNE (12 conférences d'une heure.)

L'eau. — Conditions pour qu'une eau soit potable. — Contamination des eaux ; purification des eaux contaminées.

L'air. — Dangers de l'air confiné. — Renouvellement de l'air. — Ventilation. — Poussières et microbes contenus dans l'air.

Les aliments. — Dangers des aliments altérés. — Parasites introduits dans le corps humain par les aliments et les boissons ; vers parasites.

Les boissons alcooliques. — Boissons fermentées : cidre, bière, vin ; leur action physiologique. — Boissons distillées et boissons alcooliques additionnées d'essences ; graves effets pathogéniques de leur usage. — Alcoolisme ; comment on devient alcoolique ; déchéance de l'alcoolique et de sa descendance.

L'exercice. — Inconvénients du défaut et de l'excès des exercices physiques.

Les maladies contagieuses. — Indication rapide des principales maladies transmissibles ou inoculables à l'homme et de leurs modes ordinaires de propagation.

Réceptivité et immunité. — Résistance de l'organisme. — Variole et vaccine ; la vaccination.

Inoculations préservatrices contre le charbon, la rage, la diphtérie. — Durée des périodes de préservation.

Animaux domestiques. — Maladies qu'ils peuvent transmettre à l'homme.

EXERCICES PRATIQUES

[Cinq ou six séances communes aux quatre sections de Philosophie et de Mathématiques.]

CONSEILS SUR LES EXERCICES PRATIQUES.
EXEMPLES D'EXERCICES.

Sciences naturelles.

Les exercices pratiques des sciences naturelles n'exigent ordinairement pas un matériel compliqué. Toutefois, comme il paraît indispensable d'initier les élèves à l'observation au moyen de la loupe et du microscope, il sera facile d'alterner les opérations et de réaliser des groupements d'élèves de manière à permettre à tous d'utiliser les instruments, en nombre restreint, que renferment les laboratoires.

Quelques exemples montreront comment on peut concevoir ces exercices, qui doivent donner à l'enseignement plus de force et de pénétration et appuyer les développements donnés dans le cours sur des bases solides.

A propos de la digestion ou de la germination, on pourra faire exécuter des digestions artificielles, étudier, par exemple, l'action de quelques diastases, de la salive, de l'orge germée, du suc gastrique, etc.

L'étude du sang peut fournir la matière d'un exercice : examen microscopique du sang frais ; dessin des objets vus ; examen spectroscopique du sang ; action de l'oxygène sur le sang ; examen de la circulation du sang (têtards).

Propriétés des muscles étudiées chez la grenouille. Étude de la contraction musculaire ; action des divers excitants.

Si l'établissement possède un cylindre enregistreur, on pourra initier les élèves à la méthode d'inscription graphique des phénomènes les plus simples.

Réalisation de quelques dissections sur des organes séparés ou sur des petits animaux ; examen et dissection d'un cerveau de mouton durci à l'acide chromique, avec dessins ; examen, dissection et croquis de l'ensemble des organes chez une grenouille, un lézard, un poisson ; étude des mouvements reflexes, grenouille décapitée.

Examen, dissection de quelques graines préalablement gonflées : blé, ricin, haricot, gland ; germination, observation des diverses parties de la plante ; racine, tige hypocotylée, cotylédons.

Réaliser des expériences sur la fonction chlorophyllienne, sur la transpiration, etc.

Étudier la feuille ; séparer les diverses parties de la feuille par la dissociation. Épiderme, nervures, stomates.

Exercices de dissection sur différentes fleurs ; reconstituer le plan de la fleur, la disposition des organes, et compléter l'examen par les coupes transversales ; dessins.

Exercice de la loupe par l'observation d'organes très petits : fleurs de graminées, de cypéracées, examen des diverses espèces de mousses, etc.

Ces exercices pratiques devront être complétés par quelques excursions.

DESSIN D'IMITATION (Facultatif).

(2 heures)

Voir le programme de Seconde A, page 33.

SECTION
LATIN-LANGUES VIVANTES

CLASSE DE SECONDE B

Programmes identiques à ceux de la classe de Seconde A, avec cette seule différence que l'étude du grec est remplacée par celle d'une seconde langue vivante.

Trois heures par semaine sont attribuées à la langue déjà apprise dans le premier cycle, quatre heures à la seconde langue.

CLASSE DE PREMIÈRE B

Programmes identiques à ceux de la classe de Première A, avec ces deux différences :

1° Les exercices complémentaires de latin sont facultatifs ;

2° L'étude du grec est remplacée par celle d'une

seconde langue vivante. Trois heures sont attribuées à la langue déjà apprise dans le premier cycle, quatre heures à la seconde langue.

CLASSE DE PHILOSOPHIE B

Programmes identiques à ceux de la classe de Philosophie A, avec cette seule différence que l'étude du grec est remplacée par l'étude obligatoire de deux langues vivantes.

Une heure est consacrée à l'une des langues (au choix de l'élève), deux heures à l'autre.

Deux heures sont attribuées au latin, dont l'étude est facultative comme dans la section A.

PROGRAMMES

DE L'ENSEIGNEMENT DES LANGUES VIVANTES

(ALLEMAND, ANGLAIS, ESPAGNOL, ITALIEN, RUSSE.)

« L'objet de l'enseignement des langues vivantes doit être l'acquisition effective d'un instrument dont l'usage puisse être continué après la sortie du lycée ou du collège soit pour des besoins pratiques, soit pour des études littéraires, soit pour l'information scientifique (1). »

Observation préliminaire. — Les classes ont désormais une durée uniforme d'une heure. Il importe que, pendant ce temps, l'enseignement ne soit pas fragmenté, mais continu et progressif. Tous les exercices, quelque variée qu'en soit la forme, doivent s'enchaîner naturellement les uns aux autres. Il en sera de même pour les classes : chacune devra s'appuyer sur ce qui a été enseigné dans la précédente pour faire faire un pas en avant. Il est extrêmement important de répéter : néanmoins, une classe consacrée uniquement à revoir des matières déjà connues risque d'être une classe à peu près perdue. Il faut que l'élève ait toujours l'impression d'avoir appris quelque chose : des mots nouveaux, une forme grammaticale nouvelle, etc. Rien ne doit être laissé au hasard ; l'emploi du temps doit être réglé méthodiquement dans chaque classe.

Division et répartition des matières enseignées. — Le but pratique que doit viser l'enseignement des langues étrangères, ainsi que la méthode qui paraît la meilleure

---

(1) Projet de réforme du Ministre de l'Instruction publique du 15 octobre 1900.

pour l'atteindre ont été définis dans la circulaire ministérielle du 15 novembre 1901 et dans les instructions annexes. « Il faut employer la méthode qui donnera le plus rapidement et le plus sûrement à l'élève la possession effective de ces langues. Cette méthode, c'est la méthode directe [1]. » La méthode directe est inductive et pratique. Inductive, elle prendra pour base la langue étrangère et non la langue maternelle; elle partira de l'observation et non de l'abstraction; pratique, elle exercera l'élève à exprimer ses idées au moyen du vocabulaire étudié; inductive et pratique à la fois, elle ne séparera jamais la pratique de la théorie, mais les développera simultanément, et l'une par l'autre.

Pour pratiquer avec fruit la méthode indiquée et obtenir plus sûrement le résultat cherché, on divisera en trois périodes les années consacrées à l'étude des langues.

Dans la première période, tout en enseignant à l'enfant le vocabulaire le plus usuel et en l'accoutumant à la correction grammaticale, on s'appliquera surtout à faire l'éducation de l'oreille et des organes vocaux, et à lui donner l'habitude de *parler* dans la langue qu'on lui enseigne.

Dans la seconde période, tout en exerçant et en développant la faculté et l'habitude de converser, en donnant une plus grande étendue au vocabulaire dont l'élève dispose et plus de précision à ses connaissances grammaticales, on se propose comme but de le mettre en état de comprendre les livres et les publications diverses imprimées dans la langue étrangère et d'exprimer lui-même sa pensée dans cette langue par écrit. On lui apprend à *lire* et à *écrire*.

Enfin dans la troisième, la langue est suffisamment connue pour que la lecture cesse d'être à elle-même son propre but; on s'en sert pour faire connaître au jeune homme le pays étranger, la vie du peuple qui l'habite et sa littérature.

---

(1) « Il va de soi que, tout en se rapprochant du procédé naturel de l'acquisition des langues, elle (la méthode orale) doit être employée comme une vraie méthode, c'est-à-dire d'après un plan précis et suivant une gradation continue. » (Instructions annexes.)

La première période correspond aux classes de Sixième et de Cinquième, la seconde aux classes de Quatrième et de Troisième, la dernière au second cycle des études. Mais il ne faut pas considérer ces limites comme impératives et rigoureuses. On ne passera des exercices d'une période à ceux de la suivante que lorsque l'élève possédera d'une façon suffisamment sûre les connaissances et l'aptitude qu'il a dû acquérir dans la période précédente. Mieux vaudra en particulier prolonger la seconde période que d'obtenir des résultats incertains. En revanche, avec les élèves ayant déjà pratiqué la langue, on pourra abréger la première période.

En cas de division par cours, on ne mettra jamais dans un même cours des élèves appartenant à des périodes différentes.

TROISIÈME PÉRIODE. — 2ᵉ CYCLE

CLASSES DE SECONDE ET DE PREMIÈRE

La classe se fait uniquement dans la langue étrangère.

On s'appliquera d'autant plus à la précision du vocabulaire et à la correction de l'expression que le nombre d'heures devient plus restreint et qu'une autre langue étrangère sera enseignée dans les sections : Latin-Langues Vivantes et Sciences-Langues Vivantes.

Les exercices seront donc en grande partie les mêmes que durant la seconde période. Mais on accordera une place de plus en plus large aux exercices écrits (narrations, lettres, récits, résumés des lectures faites). L'usage d'un dictionnaire en langue étrangère est recommandé pour la rédaction de ces devoirs (¹).

Les lectures prennent peu à peu un caractère plus didactique. Les sujets pourront en être puisés dans les

______

(1) L'usage de ce dictionnaire sera autorisé pour les compositions.

publications périodiques. Le moment est venu de faire connaître à l'élève la vie, la civilisation, l'histoire et la littérature du peuple étranger. Les sujets de lecture, les commentaires du professeur, au besoin des séries de courts exposés faits dans la langue étrangère et suivis d'interrogations dans cette langue, initieront graduellement les élèves à cette connaissance. On encouragera les lectures faites à domicile ou en étude. L'élève résumera de vive voix ou par écrit les pages qu'il aura lues. De temps à autre, on fera faire par les élèves de petites leçons orales sur les arts industriels, les grandes découvertes, la géographie, les voies de communication, les beaux-arts, l'histoire littéraire. Ces leçons se rattacheront, autant que possible, à des lectures ou à des exposés déjà faits.

Tous ces exercices doivent toujours aboutir à des conversations sur les questions traitées.

Livres :

Lectures se rapportant à la géographie, à l'histoire, aux sciences.

Morceaux choisis de prose et de vers tirés des principaux chefs-d'œuvre de la littérature.

CLASSES DE PHILOSOPHIE ET DE MATHÉMATIQUES

Le professeur, tout en continuant à compléter et à préciser les connaissances acquises en Seconde et en Première sur l'ensemble de la civilisation du pays étranger, s'attachera spécialement à la période contemporaine. Au moyen d'explications de textes, de lectures, de courts exposés, on étudiera les principaux faits d'ordre économique, politique, littéraire et social dont la connaissance permettra à l'élève d'acquérir une idée générale des différentes manifestations de la vie nationale contemporaine à l'étranger. Comme dans les classes de Seconde et de Première, ces exposés doivent, autant que possible, se rattacher aux textes expliqués, aux lectures faites en classe, à l'étude, à domicile : et tous les exercices doivent aboutir à des conversations.

INSTRUCTIONS

*relatives à l'enseignement des langues vivantes
dans les lycées et collèges,
annexées à la circulaire du 15 novembre 1901.*

---

1. Si l'étude des langues anciennes a pour objet essentiel une certaine culture de l'esprit, les langues vivantes sont enseignées surtout en vue de l'usage.

Le but que devra se proposer l'enseignement d'une langue vivante, au cours des études secondaires, sera donc de donner à l'élève la possession réelle et effective de cette langue.

2. La langue à enseigner sera la langue courante.

On entendra par là non seulement celle qui répond aux usages de la vie journalière, mais d'une manière générale celle qui sert à traduire par la parole toutes les manifestations de la vie physique, intellectuelle et sociale.

3. Une langue vivante étant avant tout une langue parlée, la méthode qui conduira le plus sûrement et le plus rapidement à la possession de cette langue sera la méthode orale.

Cette méthode n'est exclusive ni de la lecture des textes, ni des devoirs écrits. Mais elle n'est pas suspendue par ces exercices : elle s'y applique au contraire, elle en prend occasion et y trouve une matière. Par sa continuité même, elle réalise pour l'élève, dans la classe, quelques-uns des avantages d'un séjour en pays étranger.

Il va de soi d'ailleurs que, tout en se rapprochant du procédé naturel de l'acquisition des langues, elle doit être employée comme une vraie méthode, c'est-à-dire d'après un plan précis et suivant une gradation continue.

4. La méthode orale fait tout d'abord l'éducation de l'oreille et des organes vocaux. Elle se fonde essentiellement sur la prononciation. Donner aux élèves une bonne prononciation sera donc la première tâche du professeur.

Pour éviter qu'au début la figuration écrite des mots n'en fausse la prononciation, le mot parlé devra précéder le mot écrit. Il faut tout d'abord accoutumer l'oreille de l'élève à saisir exactement les sons de la langue étrangère et sa bouche à les reproduire correctement.

Le moyen naturel de mettre en œuvre cette méthode orale, c'est l'enseignement par l'aspect, qui relie directement le mot à l'objet.

On se servira utilement d'objets réels ou figurés, de dessins, de tableaux, etc.

5. A ces premiers exercices se rattacheront les premières lectures et les premiers devoirs écrits. Le professeur jugera lui-même à quel moment il pourra faire intervenir ces devoirs, à quel moment il pourra mettre un livre entre les mains de ses élèves : il attendra en tout cas qu'ils aient déjà pris de bonnes habitudes de prononciation.

Pour confirmer ces habitudes, le professeur veillera à ce que les textes soient toujours bien lus. Il exigera notamment de l'élève l'accentuation exacte du mot et de la phrase.

6. Les premiers exercices oraux et les devoirs écrits qui s'y rattachent fourniront en même temps, par l'exemple, les premières notions grammaticales.

L'enseignement plus systématique de la grammaire, quand le moment sera venu de l'introduire, restera éminemment simple et pratique.

7. Le vocabulaire, partant des mots les plus concrets, s'étendra peu à peu aux expressions courantes des arts, des sciences, de la littérature, sans jamais verser dans les terminologies spéciales.

Mais pour mettre réellement l'élève en possession d'une langue, il ne suffit pas de lui en faire étudier le vocabulaire et la grammaire, il faut encore, à chaque degré d'étude, l'exercer à se servir des notions acquises pour exprimer sa pensée.

8. Les exercices oraux, comme les exercices écrits, continueront à travers toute la série des classes : le professeur s'appliquera à varier les sujets de ces exercices, à les approprier constamment à l'âge de l'élève, à son degré de maturité, à l'ensemble de ses études.

La méthode doit suivre pas à pas l'esprit de l'élève dans son développement.

Indépendamment de la langue elle-même, le pays étranger, la vie du peuple qui l'habite fourniront plus particulièrement la matière de l'enseignement.

A cet effet on se servira utilement de cartes géographiques, de vues, de journaux, de revues, de collections pour bibliothèques scolaires, etc.

9. La littérature, manifestation essentielle de la vie des peuples, a naturellement sa place dans l'enseignement des langues vivantes : et à mesure que les élèves posséderont mieux le matériel de la langue, une place plus grande sera faite à des lectures étendues de textes tantôt préparés, tantôt expliqués à livre ouvert. Mais la culture littéraire proprement dite sera toujours subordonnée à l'usage de la langue, soit parlée, soit écrite, qui reste la fin principale de tout l'enseignement.

10. Dans tout le cours des études, le professeur se servira surtout de la langue étrangère : il s'interdira l'usage de la langue française, sauf dans le cas où elle lui est indispensable pour rendre ses explications plus claires, plus courtes et plus complètes.

LISTES D'AUTEURS

POUR

L'ENSEIGNEMENT DES LANGUES VIVANTES

DANS LES LYCÉES ET COLLÉGES DE GARÇONS

(Arrêté du 3 août 1903.)

Les listes d'auteurs pour l'enseignement des langues vivantes dans les lycées et collèges de garçons sont déterminées ainsi qu'il suit :

DEUXIÈME PÉRIODE

(CLASSES DE QUATRIÈME ET DE TROISIÈME [1])

1. Livre de lectures contenant des tableaux de la vie à l'étranger, des notions pratiques, données sous une forme agréable et courte, sur le commerce, les moyens de communication, les distractions, les institutions, en un mot présentant dans des textes suivis le vocabulaire de la vie courante.

2. Choix de nouvelles et de scènes dialoguées, donnant, autant que possible, en même temps que des modèles de style pour les narrations des élèves, des peintures de mœurs contemporaines. Ce recueil pourra contenir des contes, des légendes et aussi quelques pièces de vers.

Pour l'allemand :

Extraits d'auteurs modernes, tels que W. Alexis, M. von Ebner-Eschenbach, Fontane, Freytag, Ganghofer, Gottschall, Hackländer, P. Heyse, Hans Hoffmann, Hans Hopfen.

---

(1) Voir la note relative à la Troisième période pour les classes de Seconde et Première B et D.

Max Kretzer, D. von Liliencron, Raabe, Riehl, Rodenberg, Rosegger, Max Schmidt, Spielhagen, Stifter, Stinde, Storm, Sudermann, Wildenbruch, Wilbrandt, etc.

Pour l'anglais :

Extraits d'auteurs modernes, tels que Marryat, Stevenson, Miss Edgeworth, Miss Mitford, Miss Montgomery, Mrs. Burnett, Ouida, Kingsley, Hawthorne, Hardy, Thomas Hughes, Anstey, Rider Haggard, Mary Wilkins, Wells, Jerome K. Jerome, etc. — Courts poèmes et contes en vers de : Cowper, Southey, Scott, Wordsworth, Coleridge, Campbell, Kingsley, Longfellow, Morris, Mrs. Browning, etc.

Pour l'espagnol :

Extraits d'auteurs modernes, tels que récits, nouvelles et contes de Trueba, Fernán Caballero, Pereda, Fernández Bremón, Carlos Rubio, Eduardo Bustillo, Narciso Campillo, Ruiz Aguilera, Castro y Serrano, Valera, Pardo Bazán, Eusebio Blasco, Fernanflor, Palacio Valdés, Salvador Rueda, Blasco Ibáñez, etc.

Pour l'italien :

Un recueil du genre de *Prose e poesie italiane scelte e annotate da Luigi Moràndi* (S. Lapi, édit. à Città di Castello) [1].

L. Capuana. — *C' era una volta.*

Nouvelles de C. Collodi, Emma Perodi, Ida Baccini.

Si le professeur préfère faire usage de textes plus suivis, il choisira un des ouvrages énumérés ci-dessous :

Langue allemande.

Grimm. — *Märchen.*

Bechstein. — *Deutsche Märchen.*

---

1. Ce volume présente un tableau fort complet de la vie sociale, politique, anecdotique, commerciale et littéraire de l'Italie au XIXe siècle, et contient des morceaux de P. Villari, G. Dupré, R. Fucini, P. Mantegazza, E. De Amicis, E. Panzacchi, A. D'Ancona, A. Manzoni, P. Giordani, G. Giusti, N. Tommaseo, G. Mazzini, M. D'Azeglio, G. Carducci, F. Martini, R. Bonghi, G. Leopardi, etc.

Hauff. — *Märchen*.

Gœthe. — *Der neue Paris* (W. u. D. livre II), *das Puppenspiel* (W. Meister I, 2-7), *die gefährliche Wette* (Wanderjahre, III, 8).

Rosegger. — *Waldjugend, Als ich noch der Waldbauernbub war*.

Stifter. — *Granit, der Waldsteig*.

Storm. — *Pole Poppenspäler, Geschichten aus der Tonne*.

M. von Ebner-Eschenbach. — *Krambambuli, Schloß-und Dorfgeschichten*.

Wildenbruch. — *Neid, Kindertränen*.

G. Keller. — *Kleider machen Leute*.

Langue anglaise.

Hawthorne. — *Tanglewood Tales, The Wonder Book*.

Kingsley. — *The Heroes, Water Babies*.

Halliwell. — *Popular Rhymes and Nursery Tales*.

Swift. — *Gulliver's Travels*.

R. Kipling. — *The First Jungle Book* (Extracts).

Lady Barker. — *Station Life in New Zealand*.

Miss Montgomery. — *Misunderstood*.

Goldsmith. — *Vicar of Wakefield*.

Johnson. — *Rasselas*.

Sir John Lubbock. — *Pleasures of life*.

Langue espagnole.

Extraits de *Don Quijote*.

Fables choisies (*Samaniego, Iriarte, Jérica, Hartzenbusch*, etc.).

Fernán Caballero. — *Cuentos, oraciones, adivinas y refranes populares é infantiles*.

A. de Trueba. — *Cuentos populares, Cuentos campesinos, El libro de los Cantares, Narraciones populares*.

Frontaura. — *Las tiendas*.

Langue italienne.

Silvio Pellico. — *Le mie Prigioni*.

Giovanni Dupré. — *Pensieri sull' arte e ricordi autobio-grafici.*

Emilio De Marchi. — *L'Età preziosa.*

Giovanni Verga. — *Storia di una capinera.*

Edmondo De Amicis. — *Cuore ; Alle porte d'Italia ; La Vita militare.*

Antonio Fogazzaro. — *Daniele Cortis.*

Ida Baccini. — *La storia di Firenze narrata a scuola.*

Langue russe.

Léon Tolstoï. — Les quatre livres de lecture russe.

Lermontov. — *Bella* (épisode du roman : Un héros de notre temps).

Gogol. — Le Reviseur.

Pouchkine. — Boris Godounov.

Tourguenev. — Extraits des *Mémoires d'un chasseur.*

Un journal à l'usage des classes peut prendre la place d'un des livres de lecture énumérés ci-dessus, mais il est nécessaire, dans ce cas, que tous les élèves de la classe y soient abonnés.

TROISIÈME PÉRIODE

(CLASSES DE SECONDE ET DE PREMIÈRE (1))

1. Lectures se rapportant à la géographie, à l'histoire, aux sciences, aux arts et à l'industrie.

2. Lectures choisies dans les principaux chefs-d'œuvre de la littérature ou l'un des ouvrages suivants :

CLASSE DE SECONDE.

Pour l'allemand :

Choix de poésies lyriques : Ballades et Lieder de Bürger,

---

(1) Pour les classes de Seconde et de Première B et D, en ce qui concerne la seconde langue, on prendra l'un des ouvrages indiqués pour la période précédente.

Gœthe, Schiller, Tieck, A. W. et F. Schlegel, Chamisso, Uhland, A. Grün, Lenau, Rückert, Platen, H. Heine, etc.

Extraits des œuvres en prose de Gœthe : *Werther*, *Wilhelm Meister*, *Briefe aus der Schweiz*, *Italienische Reise*.

Pour l'anglais :

Sheridan. — *The School for Scandal.*
Goldsmith. — *She Stoops to Conquer.*
W. Irving. — *Rip Van Winkle* ; *Spectre Bridegroom*, *Legend of Sleepy Hollow.*
Stevenson. — *Treasure Island.*
Longfellow. — *Tales of a Wayside Inn* (extraits).
W. Morris. — *The Earthly Paradise* (extraits).
Macaulay. — *Essays* (extraits).
Dickens. — *Christmas Carol.*

Pour l'espagnol :

Choix de poésies lyriques classiques.
Extraits du *Romancero.*
Anthologie des poètes modernes et contemporains.
Nouvelles courtes de Pedro de Alarcón, Valera, Trueba, Pardo Bazán, etc.
Scènes choisies des *Saynetes* contemporains (Javier de Burgos, Vital Aza, Ramos Carrión, Ricardo de la Vega, etc.).
Cervantès. — *Don Quijote.*
Moratin. — *El si de las Niñas.*
Quintana. — *Biographies des Espagnols célèbres.*
Mesonero Romanos. — *Scènes madrilènes.*

Pour l'italien :

Arioste. — Morceaux choisis.
Métastase. — Drames et poésies choisies.
G. Gozzi. — *L'Osservatore.*
Goldoni. — Choix de comédies (*La Locandiera*, *Il Burbero Benefico*, *La Bottega del Caffè*, etc.).
Alfieri. — *Vita*, texte de l'édition classique Linaker (Florence, Barbèra).
Monti. — Choix de poésies.
Manzoni. — *I promessi sposi.*

CLASSE DE PREMIÈRE.

Pour l'allemand :

La poésie dramatique.

Schiller : *Wilhelm Tell, Maria Stuart, Jungfrau von Orleans, Wallenstein.*

Gœthe : *Iphigenie, Torquato Tasso, Egmont, Faust (1er Theil), Götz von Berlichingen.*

Kleist : *Prinz von Homburg.*

Grillparzer : *Drames historiques.*

Extraits des œuvres en prose de Wieland, Gœthe (*Mémoires, Campagne de France, Sur la littérature française*), Schiller, Novalis, Immermann, Auerbach, Freytag, Scheffel, G. Keller, K. F. Meyer, P. Heyse, etc.

Pour l'anglais :

Shakespeare. — *Julius Cæsar, Macbeth.*

Extraits de Milton, Addison, Goldsmith (prose et vers), Wordsworth.

Byron. — *Prisoner of Chillon.*

Coleridge. — *The Ancient Mariner.*

Dickens. — *David Copperfield* (édition abrégée).

Macaulay. — Extraits de l'*Histoire d'Angleterre.*

G. Eliot. — *Scenes of Clerical Life, Silas Marner.*

Tennyson. — *Enoch Arden, The Brook, Poèmes antiques* (Ulysses, The Lotos Eaters).

Thackeray. — *The English Humorists.*

Pour l'espagnol :

Cervantès. — *Don Quijote.* Choix dans les *Novelas ejemplares.*

Extraits des historiens. — Mendoza, Mariana, Solis, Melo, Quintana, Toreno, etc.

Choix dans le Théâtre classique et le Théâtre moderne. — (P. ex. : Castro, *Mocedades del Cid* ; Alarcón, *Verdad sospechosa* ; Calderón, *La vida es sueño* ; Moreto, *El desdén con el desdén* ; Moratin, *El café ;* Scènes choisies de Bretón de los Herreros, Rubí, Eguilaz, Tamayo, Ayala, Echegaray, etc.)

Larra. — *Artículos de costumbres.*

Pour l'italien :

Boccace. — Morceaux choisis.
Pétrarque. — Poésies choisies.
B. Castiglione. — *Il cortigiano*.
B. Cellini. — *Vita*, texte de l'édition classique Bacci (Florence, Sansoni).
Vasari. — Morceaux choisis.
Tasse. — Morceaux choisis : *La Gerusalemme liberata*.
Parini. — *Il Giorno ; Le Odi*.
Alfieri. — Choix de tragédies.
Extraits des romanciers contemporains (en particulier de A. Fogazzaro, Renato Fucini, L. Capuana, G. Verga, M. Serao).

CLASSES DE PHILOSOPHIE ET DE MATHÉMATIQUES

1. Extraits des principaux historiens, critiques et philosophes.
2. Lectures choisies dans la littérature du XIXe siècle.

Pour l'allemand :

Extraits des critiques, historiens et philosophes : Lessing, Herder, Winckelmann, Humboldt, W. et F. Schlegel, L. Börne, W. Scherer. — Niebuhr, L. von Ranke, Fr. von Raumer, Droysen, Mommsen, H. von Sybel ; Gregorovius, Janssen, Treitschke. — Kant, Schelling, Fichte, Hegel, Schleiermacher, D.-F. Strauss, Schopenhauer, Nietzsche, etc.

Œuvres choisies dans la poésie contemporaine : Anzengruber, K. Busse, Geibel, Gilm, Greif, Hamerling, Henckell, Hebbel, G. Hauptmann, P. Heyse, Liliencron, H. Lingg, K.-F. Meyer, Th. Storm, Wildenbruch, etc.

Pour l'anglais :

Emerson. — *English Traits*.
H. Spencer. — Choix d'essais.
Stuart-Mill. — *Autobiography*.
Mathew Arnold. — *Culture and Anarchy*.
Ruskin. — *Stones of Venice*, tome II, le chapitre intitulé

On the Nature of Gothic, publié avec introduction de W. Morris.

Carlyle. — *Essay on Gœthe, on Burns*.
Seeley. — *The Expansion of England*.
Keats. — Extraits.
Byron. — *Childe Harold*, Ch. III.
Tennyson. — Extraits.
Mrs. Browning. — Extraits.
Robert Browning. — Extraits.
Rudyard Kipling. — Poèmes (extraits).

Pour l'espagnol :

Extraits des moralistes (Guevara, Quevedo, Gracián, Granada, León) et des critiques (Quintana, Martínez de la Rosa, Lista, Valera, Menéndez Pelayo, etc.).

Poésie lyrique contemporaine (Espronceda, Zorilla, Bécquer, Campoamor, Núñez de Arce, etc.).

Pages choisies des Picaresques et des romanciers contemporains.

Pour l'italien :

Dante. — Morceaux choisis.
Machiavelli. — Un recueil du genre de *Crestomazia machiavellica* de Finzi (Turin, Clausen).
Galilée. — *Prose scelte*. — Foscolo : morceaux choisis.
Giusti. — Lettres et poésies choisies.
Leopardi. — Extraits des *Operette morali*; poésies choisies.
A. Fogazzaro. — Opuscules critiques, philosophiques (*L'Origine dell'Uomo; Per la Bellezza d'un'idea; Il dolore nell' arte*, etc.).

EXTRAIT DU CATALOGUE
DE LA
LIBRAIRIE VUIBERT
63, Boulevard Saint-Germain, Paris, 5e.

MATHÉMATIQUES
(Second Cycle, Sections littéraires.)

Ouvrages de M. Grévy, professeur au lycée Saint-Louis :
Eléments d'Arithmétique : classes de 4e A et 3e A.. **1 fr. 75**
Eléments d'Algèbre : classes de 3e A, 2e et 1re A et B. **1 fr. 75**
Géométrie théorique et pratique : 2e Cycle A et B (2e et 1re A et B). . . . . **1 fr. 50**
Eléments de Cosmographie : classes de Philosophie, par A. Grignon. — Vol. 18/12cm illustré, avec planches hors texte et carte céleste. . . . . **1 fr. 75**

SCIENCES PHYSIQUES

Ouvrages de A. Turpain, professeur à la Faculté des sciences de l'Université de Poitiers (Volumes 20/13cm, cartonnés toile) :
Notions de Physique (classes de 4e et de 3e B), avec 290 gravures et 1 planche. . . . . **3 fr. »**
Éléments de Physique (classes de Philosophie A et B) viii-542 pages, 504 figures et 2 planches hors texte de spectres en couleurs. . . . . **5 fr. »**
Ouvrages de P. Massoulier, ancien élève de l'Ecole Normale supérieure, professeur agrégé au lycée Henri IV. Vol. cart toile :
Chimie élémentaire (classe de 4e B). — Vol. 18/12cm . **1 fr. 90**
—   —   (—   3e B). — Vol. 18/12cm . **2 fr. »
Éléments de Chimie (cl. de Philosophie).—Vol. 20/13cm. **3 fr. »**
Ouvrages de M. Basin, professeur agrégé au lycée de Lille (Volumes 19/13cm, brochés ou cartonnés toile) :
Eléments de Physique (cl. de 2e A et B). Br. . . . . . **2 fr. »**
—   —   (cl. de 1re A et B) . . . . **1 fr. 75
—   —   (Phil. A et B). . . . . **3 fr. »
Eléments de Chimie (Phil. A et B). Br. 3 fr.; cart. . . . **3 fr. 50**

SCIENCES NATURELLES

Ouvrages de M. E. Caustier, professeur au lycée Saint-Louis :
Conférences de Géologie (cl. de Seconde A, B, C et D). **1 fr. 75**
Sciences naturelles (classes de Philosophie A et B et de Mathématiques A et B).—Vol. 18/12cm, av. 913 fig., cart. toile. **4 fr. 50**
Précis d'Hygiène (classes de Philosophie A et B et de Mathématiques A et B).—Vol. 16/11cm de 156 p., av. 69 grav., br. **1 fr. 25**
Sciences naturelles et Hygiène (cl. de Phil. A et B et de Mathém. A et B). — Vol. 16/11cm, avec 805 figures, cart. toile.. **4 fr. »**

MANUELS DU BACCALAURÉAT

(Volumes 16/11cm.)

PREMIÈRE PARTIE

Histoire ancienne (*Latin-Grec, Latin-Langues*), par L. Homo, professeur à la Faculté des lettres de Lyon . . . . . . **3 fr. 50**

Histoire moderne, par H. Hauser, professeur à l'Université de Dijon . . . . **1 fr. »**

Géographie (France et Colonies), par H. Hauser . . . **1 fr. 50**

Mathématiques (*Latin-Grec, Latin-Langues*), par M. Guichard, correspondant de l'Institut, profes. à la Sorbonne. (*Sous presse*). [Comprend aussi la Cosmographie de la Seconde partie]

Mathématiques (*Latin-Sciences, Sciences-Langues*), par MM. Guichard, Humbert et Mineur, professeurs agrégés des sciences mathématiques. Cart. toile . . . . **3 fr. »**

Physique (*Latin-Sciences, Sciences-Langues*), par L. Boisard, professeur au lycée Carnot . . . . **3 fr. »**

Chimie (*Latin-Sciences, Sciences-Langues*), par P. Rivals, professeur à la Faculté des sciences de Marseille. . . . **2 fr. 50**

SECONDE PARTIE

Philosophie (*Série Philosophie*), par P. Janet, membre de l'Institut, professeur au Collège de France . . . . **3 fr. 50**

Histoire contemporaine, par H. Hauser . . . . **1 fr. »**

Philosophie et Histoire (*Série Philosophie*), par MM. Janet et Hauser. Cart. toile . . . . **4 fr. »**

Cosmographie (*Série Philosophie*). Voir Première Partie : Mathématiques.

Physique (*Série Philosophie*), par A. Gallotti, professeur au lycée Janson-de-Sailly . . . . **3 fr. 50**

Chimie (*Série Philosophie*), par P. Rivals et M. Devaud, professeur au lycée de Marseille. . . . . **2 fr. »**

Histoire naturelle, par E. Caustier, professeur agrégé au lycée Saint-Louis. Cart. toile. . . . . **4 fr. »**
[Comprend aussi l'hygiène.]

Mathématiques (*Série Mathématiques*), par MM. Guichard, Humbert, Maluski, Mineur, Papelier et Tartinville. Cart. toile. **4 fr. »**

Physique (*Série Mathématiques*), par L. Boisard . . . **2 fr. 50**

Chimie (*Série Mathématiques*), par MM. Rivals et Devaud. **2 fr. »**

Philosophie (*Série Mathématiques*), par P. Janet . . . **1 fr. 50**

Philosophie et Histoire (*Série Mathématiques*), par MM. Janet et Hauser. Cart. toile. . . . . **2 fr. 25**

Géographie (Les principales puissances du monde), par H. Hauser. . . . . **1 fr. 25**

PROGRAMMES DIVERS

Certificat d'études physiques, chimiques, naturelles . . .	0 35
Doctorat en médecine, Diplôme de chirurgien-dentiste. . .	0 50
Diplôme de pharmacien et d'herboriste	0 50
Licence et doctorat ès lettres.	0 50
Licence et doctorat ès sciences.	0 50
Licence et doctorat en droit. Baccalauréat en droit. . . .	0 50
Bourses de licence (et Ecole normale supérieure)	0 50
Agrégations et certificats d'aptitude aux fonctions de l'enseignement	0 75
Commissariat de surveillance administrative des chemins de fer.	0 35
Inspection départementale du travail dans l'industrie (inspecteur et inspectrice)	0 50
Conditions d'admission dans les différents services du ministère des finances.	0 50
Conditions d'admission aux emplois dans l'administration des Postes et Télégraphes et à l'Ecole supérieure des Postes et Télégraphes.	0 50
Conditions d'admission dans le corps du commissariat de la marine (Ecole d'administration de la marine).	0 35
Conditions d'admission aux bourses commerciales de séjour à l'étranger	0 35
Ecoles d'hydrographie : élève de la marine marchande, lieutenant au long cours, capitaine au long cours et capitaine au cabotage.	1 25
Ecole d'Horlogerie de Paris	0 35
Ecole supérieure d'Aéronautique.	0 35
Ecole pratique d'Electricité industrielle	0 35

ÉVREUX, IMPRIMERIE CH. HÉRISSEY